감정이 늙지 않는 법

일러두기

이 책은 2006년에 처음 출간되었고,
2023년에 문고판으로 출간된 원서를 기준으로 번역 출간하였습니다.

감정이
늙지 않는 법

와다 히데키 지음
이정환 옮김

"몸보다 마음이 먼저 늙는다."

감정 연령 테스트

※ 해당하는 부분에 ○표를 하시오.

	YES	어느 쪽도 아니다	NO
최근 들어 자기 쪽에서 먼저 친구들에게 만나자는 연락을 한 적이 없다.			
성욕, 호기심 등이 상당히 감퇴되었다.			
실수를 하면 예전보다 더 얽매인다.			
자신의 생각과 다른 의견은 받아들이기 어렵다.			
어린 상대에게 기분 나쁜 말을 들으면 순간적으로 화가 치밀어 오른다.			
"이 나이에 무슨…… 이미 늦었어."라는 생각을 자주 한다.			
나이가 있으니 돈을 쓰면서 즐기기보다는 노후를 대비해 저축을 하는 편이 낫다고 생각한다.			
어떤 문제가 마음에 걸리면 쉽게 잊을 수 없고 계속 거기에만 신경이 쓰인다.			
최근 무엇인가에 감동해서 눈물을 흘린 기억이 없다.			
화가 나서 소리를 지르는 일이 잦다.			
창업은 젊은 사람들에게나 해당하는 이야기라고 생각한다.			
지난 반 년 동안 영화는 한 편도 본 적이 없다.			
부부 싸움을 하면 좀처럼 화가 가라앉지 않는다.			
신간 서적이나 문화 센터, 자격시험 학원, 여행 등의 광고에 흥미가 당기지 않는다.			
친구가 자랑하는 걸 듣고 있으면 예전보다 참기 힘들다.			

지난 한 달 동안 책을 한 권도 읽지 않았다.			
요즘 젊은 사람들은 이해할 수 없다는 생각이 자주 든다.			
오늘 있었던 일이 마음에 걸려 잠을 못 이룰 때가 많다.			
최근 눈물을 잘 흘리게 되었다.			
과거와 달리, 참신한 아이디어가 떠오르지 않는다.			
패션 잡지 같은 것은 자기와는 다른 사람들이 보는 책이라고 생각한다.			
초조와 불안을 느끼는 일이 늘어났다.			
지난 몇 년 동안 직접 여행을 계획한 적이 없고 대부분 다른 사람의 계획에 편승했을 뿐이다.			
예전과 비교할 때, 모든 면에서 행동이 느려졌다.			
상대방의 친절한 행동이 아부라는 사실을 알아도 기분이 좋다.			
"그 사람은 ○○이니까."라는 식으로 다른 사람의 성격 등을 규정하는 말을 자주 사용한다.			
다른 사람에게 어떤 문제에 대하여 물어보는 것이 귀찮다.			
업무와 관련해 바람직하다고 여겨지는 것이 있어도 귀찮아서 제안하지 않는다.			
한번 싫어진(좋아진) 사람에 대해서는 좀처럼 장점(단점)을 인정하려 들지 않는다.			

⋮　　⋮　　⋮

※ ○의 개수에 각각 3, 2, 1을 곱하시오. ☐ ☐ ☐
　　　　　　　　　　　　　　　　　　　×3　×2　×1

☐세 = 당신의 '감정 연령' ('감정 연령'이 실제 나이보다 많은 사람은 요주의!)

늙지 않는 비결,
감정 노화 예방하기

노화 예방에 대한 관심이 높아지면서 한 살이라도 더 젊어지려 애쓰는 사람들이 요즘 부쩍 늘고 있다. 건강식품이나 대사 증후군metabolic syndrome 같은 말은 신체를 조금이라도 젊게 만들고 노화를 방지하고자 하는 인간의 욕망을 대변한다.

최근에는 뇌 과학, 뇌 연령에 대한 관심이 유행처럼 크게 일면서 계산 게임이나 퍼즐 게임 등이 잘 팔리고 있다. 이런 현상은 뇌가 다시 젊어지기 바라는, 뇌의 노화 예방을 원하는 심리 때문이다. 그래서 이런 게임을 구입하는 사람들은 노인보다 실제로 중장년층이 더 많다.

외모를 젊게 보이고 싶어 하는 욕망은 점점 왕성해져서, 중장년층을 대상으로 한 주름살 제거 수

술이나 피부 박피나 보톡스 시술쯤은 이제 당연한 것이 되었다. 남성 미용 시장도 급성장을 보여, 고객들 중에는 서른 중반 이후의 중장년 남성층도 상당수 포함되어 있다. 나이를 먹어도 늘 젊음을 유지하려는 유명 인사들이 연예인 못지않은 패션 감각을 앞세워 패션 리더로 주목을 끄는 것은 물론, 중장년층을 대상으로 한 건강 잡지와 서적도 인기다.

건강, 뇌 기능, 외모는 현대인들의 최대 관심사이다. 이 세 가지를 손에 넣기 위해 가장 중요한 것은 '감정의 노화'를 방지하는 일이다.

나는 고령자 의학, 노년 의학을 전문으로 지금도 임상에 종사하고 있는 정신과 의사다. 고령자의 뇌 기능 등을 오랜 세월 관찰하면서 얻은 결론은, 인간의 본질적인 노화는 '감정의 노화'와 관련하여 시작한다는 사실이다. 수많은 사람들의 뇌를 관찰한 결과, 뇌에서 감정 기능과 자발성, 의욕을 담당하는 전두엽이라는 부분부터 두뇌의 노화가 진행된다는 사실을 발견했고, 그것에 대한 강한 확신을 가지게 되었다.

감정이 노화하여 의욕과 자발성, 호기심이 저하되면 몸을 움직이지 않게 된다. 이는 자연스럽게 뇌를 활용할 수 없게 만들어 다른 기능의 노화도 촉진시킨다. 고령자의 경우, IQ 테스트에서 측정하는 지능이나 보행 능력 등의 실용적인 기능은 그다지 약해지지 않는다. 그러나 '사용하지 않았을 경우의 노쇠'는 매우 빠르게 일어난다. 예를 들어 인플루엔자 감염 등으로 한 달 정도만 누워 지내다 보면 완쾌되어도 쉽게 걸을 수 없고 연령에 따라서는 가벼운 치매 같은 증상을 보이기도 한다.

감정도 마찬가지다. 감정의 노화를 그대로 둔다면, 뒤늦게 그 사실을 깨닫는다 해도 이미 손쓸 수 없이 늙어버렸을지도 모른다. 감정의 노화는 개인 차이는 있지만 대개 40대부터 시작된다. 감정 노화를 방치하면 체력 및 지적 기능 저하로 이어지고, 앞에서 설명한 건강과 뇌 기능, 외모는 더욱 노화되고 악화된다. 그러나 감정을 젊게 관리하면 이 세 가지를 언제나 젊게 유지할 수 있다. "지능, 체력보다 마음이 중요하다."라는 말은 진리다.

그런 이유에서 우선 자신의 '감정 연령'을 자각하고 전두엽의 다양한 기능의 노화가 어떤 형태로 나타나는지 알 수 있도록 감정의 노화 정도를 테스트해 볼 수 있는 설문을 맨 앞에 실었다.

이것이 실제 연령보다 더 많게 나온 사람은 노화가 빠르게 진행되고 있다는 의미이므로 주의해야 한다. 참고로, 나는 39세로 나왔다. 실제 나이보다 훨씬 적긴 하지만 앞으로 더 젊어질 수 있도록 노력할 작정이다. 이 책을 읽은 분들이 '감정 노화'가 어떤 것인지 그 실체를 파악하고 감정 노화를 예방하는 습관을 하나라도 실행한다면 글쓴이로서는 더할 나위 없는 기쁨일 것이다.

와다 히데키(정신과 의사)

차례

chapter 1

사람은 감정부터 늙는다

나잇값 못하는 것을 두려워 말라

chapter 3

여성이 남성보다 장수하는 이유는 따로 있다

chapter 4

기분 전환이 건강을 좌우한다

사람은 감정부터 늙는다

인간의 뇌는 전두엽부터
줄어들기 시작한다

'즐거운 일이 있을 것 같다.',
'재미있을 것 같다.'라는
감정이 작용하고 있을 때
무엇이 자신을 자극하는지,
무엇을 하고 있을 때
나이를 잊을 만큼
충만한 기쁨이 느껴지는지
찾아 두는 것이 무엇보다 중요하다.

수천 장의 뇌 사진으로 본 노화 현상

나는 일본에서 노인 정신 의학을 전문으로 하는 정신과 의사다. 예전에는 일본에 세 군데밖에 없었던 노인 전문 종합 병원 중 하나인 도쿄의 요쿠후카이 병원에서 10년 동안 근무했다. 그곳에서 나는 노인들의 진료를 담당하며 고된 임상 경험을 했고, 지금도 일주일에 한 번 임상의로 노인들의 건강을 돌보고 있다.

매일 다양한 질환의 노인들을 진료하면서, 나는 CT(컴퓨터 단층 촬영)나 MRI(자기 공명영상 장치) 등으로 촬영한 수많은 고령자의 뇌 사진을 보았다. 연간 100~200장 정도의 뇌 사진을 보았으니 그럭저럭 2천 장 이상의 뇌 사진을 본 셈이다. CT나 MRI에 의한 두뇌 촬영은 화상을 통한 병의 유무를 찾기 위함이다. 건망증이 심해 알츠하이머병이 의심되는 환자의 뇌, 거리를 배회하는 노인의 뇌, 의욕을 잃은 사람의 뇌를 들여다보는 데 이런 기계는 많은 도움이 된다. 가끔씩 우울증 의심 환자라도 고령자인 경우에는 뇌혈관이 막힌 것은 아닌지 확인하는 수도 있다.

알다시피 CT나 MRI는 인체의 단면을 고통 없이 촬영해 보여주는 장치이다. 기억을 담당하는 해

사람은 감정부터 늙는다

마hippocampus 라는 부위는 뼈 속에 감추어져 있어서 기존의 CT로는 볼 수 없었지만 MRI를 이용하면 위축 정도를 확실하게 알 수 있다.

고령자의 뇌를 살펴보면 젊은 사람보다 많든 적든 위축되어 있는 모습을 쉽게 알아볼 수 있다. 인간의 뇌는 나이를 먹으면 줄어드는 것이 자연스러운 현상이며 생리적인 숙명이다. 수많은 뇌 사진들을 살펴보는 동안 나는 뇌의 위축 정도를 보고 환자 나이가 몇 살 정도인지 짐작할 수 있게 되었고, 촬영한 사진을 보고 "이 사람은 나이에 비해 위축 현상이 적다."라는 식의 감각적인 분석도 가능하게 되었다.

한편 얼마 전 뇌의 각 부위가 일률적으로 위축되는 것이 아니라는 사실이 의학 자료를 통해 밝혀졌다. 같은 사람의 뇌에서도 후두엽은 위축이 심하지만 측두엽은 그렇지 않다. 노화와 관련된 뇌의 변화에서 뜻밖의 사실은, 건망증이 심해져 기억력이 쇠퇴했다고 해서 기억을 담당하는 해마가 제일 먼저 위축되는 것은 아니라는 점이다. 해마보다 앞서 일찌감치 위축 현상을 보이는 부위가 있는데, 그곳이 바로 뇌 앞쪽에 있는 전두엽前頭葉이다.

인간의 뇌는 감정을 담당하는
전두엽부터 줄어든다

여기에 소개한 그림 1은 로이 샤퍼Roy Schafer 라는 정신 병리학자가 평균 77세에 정상적인 노화 현상을 보인 사람들의 뇌와 치매에 걸린 고령자들의 뇌를 20대(정확하게는 19~28세) 젊은이들의 뇌와 대조하여 신경 세포의 감소 비율을 비교한 것이다. 신경 세포가 줄어들었다는 것은 뇌의 위축을 의미한다.

덧붙여, 뇌의 각 부위의 역할을 대략적으로 설명하면 다음과 같다.

- 전두엽 – 전두극: 자발성, 의욕, 기분 전환
   – 운동 영역: 창조성, 감정 조절, 의욕
- 측두엽 – 측두 연합 영역: 위쪽 절반은 청각을 통한 언어 이해, 아래쪽 절반은 형태의 인지, 즉 사람의 얼굴을 보았을 때 누구 얼굴인지 구분하는 것 등을 담당한다. 우뇌와 좌뇌 중 어느 쪽 측두엽이 언어 이해를 담당하는가 하는 것은 사람에 따라 다르다. 대부분의 경우 좌뇌이며 우위에 놓여 있는 쪽을 우세 반구라고 부른다.

〈그림 1〉
정상적인 노화에서도 전두극은 치매 증상과 마찬가지로 위축된다.

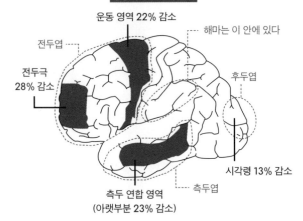

정상적으로 노화한 뇌

운동 영역 22% 감소

전두엽

전두극 28% 감소

해마는 이 안에 있다

후두엽

시각령 13% 감소

측두엽

측두 연합 영역 (아랫부분 23% 감소)

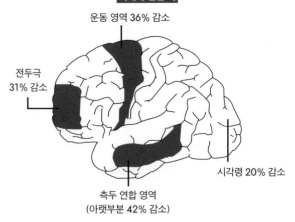

치매에 걸린 뇌

운동 영역 36% 감소

전두극 31% 감소

시각령 20% 감소

측두 연합 영역 (아랫부분 42% 감소)

(「노화에 의한 신경 세포의 감소 비율」, 로이 샤퍼, 1972)

- 후두엽 – 시각령: 시각 정보의 이해
- 해마: 기억 저장

그림 1에서 알 수 있듯, 정상적인 노화에서도 뇌 각 부위의 신경 세포는 줄어든다.

전두엽의 경우, 운동 영역은 정상적인 노화일 때 22%가 감소되고 치매 환자인 경우에는 36%가 감소되어 정상적인 노화와 치매 환자 사이에는 상당한 차이가 나지만 전두극은 정상적인 노화에서 28%, 치매 환자인 경우에 31%로 별 차이가 없다.

거기에 비해 후두엽은 정상적인 노화에서 13%로 감소하는 정도가 적다(치매 환자인 경우에는 20%). 후두엽에는 시각 이해와 관련된 영역이 있는데 이곳이 부분적으로 파괴되면 눈에는 보여도 공간 인지를 못하거나 문자의 의미를 이해할 수 없게 된다. 그러나 전두엽과 비교하면 신경 세포의 감소 비율이 훨씬 적다. 즉, 시각 정보를 이해하는 능력은 나이를 먹어도 크게 떨어지지 않는다는 의미이다.

그와 비교할 때, 언어 이해나 형태 인지를 담당하는 측두엽은 정상적인 노화에서 23%(치매 환자인 경우에는 42%)로 시각 정보보다 언어 이해나 형태 인지 쪽의 쇠약이 더 빠르다는 사실을 알 수 있다.

이 그림에는 나와 있지 않지만 기억을 담당하는

사람은 감정부터 늙는다

해마의 감소는 정상적인 노화에서는 약 20%라는 자료가 있다. 게다가 전두엽보다 나중에 축소된다는 사실 또한 밝혀졌다.

이상의 내용을 통해 알 수 있는 결정적인 사실은 정상적인 노화에서의 전두엽, 특히 전두극의 감소 정도가 가장 크다는 점이다. 나이를 먹어서 '기억력이 나빠졌다'거나 '같은 행동을 반복하게 되었다'는 이상 현상이 나타나는 것보다 자발적인 의욕 감퇴나 기분 전환 장애가 먼저 발생한다는 것이다.

"인간의 뇌는 노화와 함께 감정을 담당하는 전두엽부터 축소되기 시작한다."

이 말은, 임상의로서 수많은 고령자들을 상대하면서 수천 장에 이르는 MRI와 CT 사진을 통해 고령자의 뇌를 살펴보고서 내가 실제로 체득한 사실이다.

전두엽은 높은 수준에서
인간적인 감정을 담당한다

전두엽은 대뇌의 앞부분에 위치한다. 사고, 의욕, 감정, 성격, 이성 등을 담당하며 나이를 먹으면 이러한 기능이 떨어지게 된다.

물론 감정이 노화하더라도 슬픔을 느끼면 눈물을 흘리고 기분이 나쁘면 화를 내거나 간혹 싸우기도 한다. 치매 환자라고 해도 울거나 웃는 행동은 보인다. 그러나 이런 원시적인 감정은 뇌의 변연계邊緣系라는 부위가 담당한다. 전두엽은 좀 더 섬세한 감정이나 감정에 바탕을 둔 수준 높은 판단을 담당하는, 이른바 감정의 사령탑이다. 영화나 드라마를 보거나 소설을 읽고 감동하거나 거기에서 촉발된 감정적 행동을 일으키는 것이 전두엽의 활동이다.

의욕이나 자발성의 감정은 행동의 결정에 직접적 영향을 미친다. 노년에 들어 창업을 하거나 위대한 발명을 하는 사람이 거의 없는 이유 역시 전두엽 기능이 젊은 시절보다 저하되었기 때문이다.

물론 화가나 서예가처럼 예술 분야에서는 대기만성이라는 말이 가능하다. 하지만 이는 한 길로만 매진한 결과 실력이 쌓여 어떤 경지에 다다르게 되는 현상이며, 60~70대가 되어 무언가 새로운 일을 의욕적으로 시작한다는 것은 일반적으로 보기 드문 일이다.

한편 요즘에는 정년퇴직을 한 뒤 외국을 오가면서 생활하는 부부들이 늘고 있다. 추운 계절에는 남쪽 나라로 가서 생활하고 기후가 좋은 봄, 가을에 고국으로 돌아오는 식의 라이프스타일로, 경제적

사람은 감정부터 늙는다

으로 여유가 있으면 이 또한 이상적인 생활일 수 있다. 퇴직금이나 저축이 충분하지 못해서 경제적 불안을 안고 사는 사람들 중에도 은퇴 후 생활비가 적게 드는 동남아시아에서 살겠다고 계획하고 있는 이들이 적지 않다.

어쨌든 이런 생활이 가능하려면 무엇보다 낯선 환경에 뛰어들어 인생을 새로이 시작해 보겠다는 의욕과 유연성을 갖추어야 한다. 새로운 삶을 시작하겠다는 의욕을 가지고 현지의 낯선 문화를 즐길 수 있다면 전두엽은 확실하게 제 기능을 할 것이다. '젊은 노인'이란 말은 모순되지만, 나이를 먹어서도 전두엽을 젊게 유지하는 것은 결코 꿈이 아니다

전두엽이 파괴되면 '고집증'이 발생한다

흔히 우리가 노인을 야유할 때 '완고한 영감', '고집쟁이 영감'이라고 부르곤 한다. 대개 한 가지 생각에 집착해 새로운 것을 유연하게 받아들이지 못할 때 하는 말이다. 노인은 기분 전환이 어렵기 때문에 일단 화가 나면 좀처럼 그 분노를 가라앉히지 못한다. 이런 징후나 행동을 가리켜 '완고하다'고 표현한다.

이것도 전두엽의 기능이 쇠약해지는 것과 관련이 있다. 그 이유는, 전두엽이 본격적으로 파괴되면 같은 행동을 반복해서 하는 '고집증(이상 언행 반복증이라고도 한다.)'이라는 현상이 발생하기 때문이다. 구체적으로는 이런 식의 대화이다.

예를 들어 진찰실에서 "생일이 언제입니까?"라고 물었을 때, 올바르게 "1930년 5월 30일입니다."라고 대답했다고 하자. 이어서, "고향은 어디입니까?"라고 물어보면 "1930년 5월 30일입니다."라고 똑같은 대답을 반복한다. 질문이 바뀌어도 같은 대답을 반복하는 것이다.

첫 질문에 올바르게 대답할 수 있었다는 점에서 볼 때 이해력이 나빠진 것은 아니다.

"어제는 무엇을 드셨습니까?"

이런 질문을 던졌을 때 "라면입니다."라고 확실하게 대답하는 것을 보면 기억력에도 문제가 없다는 사실을 알 수 있다. 하지만 곧이어 "오늘 이 다음에는 무엇을 할 예정입니까?"라고 물어보면 "라면입니다."라고 대답하곤 한다.

어떤 생각이나 대답이 나왔을 때 거기에서 스위치가 끊어져 버리기 때문에 대답이 바뀌지 않는데 이것이 '고집증'이다.

극단적이지는 않더라도 화가 났을 때 분노가 쉽

게 가라앉지 않거나 슬픔이나 우울한 기분을 느꼈을 때 그 감정에서 쉽게 빠져나오지 못하는 이유는 감정에 이러한 현상이 발생하기 때문이다. 감정의 스위치 전환이 제대로 이루어지지 않는 것이다. 노인뿐 아니라 중장년층에서도 기분이 나빠지면 계속 인상을 찌푸리고 다니거나 사고의 전환이 제대로 이루어지지 않는 사람이 있다. 바로 감정에 나타나는 고집증 탓이다.

그러므로 인간의 노화에서 전두엽 기능이 가장 먼저 저하된다고 생각할 수 있다.

과거의 성공담을 자꾸 늘어놓는다면 노화를 의심하라

뇌의 이러한 기능 저하가 발생하고 있는지 의학적으로 진단할 때 사용되는 방법 중 하나로, 전두엽 기능 검사의 일종인 위스콘신 방식 카드 분류 테스트WCST가 있다. 그림 2처럼, 네 가지 색깔, 도형, 수의 카드를 일정한 기준으로 늘어놓고 피실험자가 그 규칙을 간파하는지 확인하여 전두엽의 기능을 검사하는 것이다.

예를 들어 1·2·3·4·1·2·3으로 늘어놓으면 다음에는 4라는 사실을 알 수 있다. 1·4·3·2·4·2·1··· 라는 식으로 수가 불규칙적으로 배열되어도 색깔이 빨강·파랑·노랑·초록·빨강·파랑·노랑이라는 순서라면 다음에는 초록이 온다는 사실을 예측할 수 있다. 처음에는 이해하지 못하더라도 몇 차례 되풀이하면 어떤 규칙으로 배열되었는지 이해할 수 있다.

자, 이번에는 도형으로 삼각형, 별, 십자, 원을 되풀이하는 식으로 규칙을 바꾸면서 그 규칙을 깨닫는지 테스트한다.

전두엽의 기능이 떨어지면 이 규칙을 발견할 수 없다. 규칙을 변경하면 변경된 규칙이 무엇인지 발

〈그림 2〉 위스콘신 방식의 카드 분류 테스트(WCST)

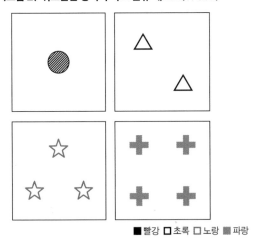

■빨강 □초록 □노랑 ▨파랑

사람은 감정부터 늙는다

견하지 못한다. 처음에 수를 늘어놓은 차례라고 이해하면 색깔의 배열로 패턴이 바뀌어도 전혀 짐작하지 못하는 것이다.

이 WCST는 앞에서 설명한 문진과 비교하면 수준이 훨씬 높은 테스트다. 너무 어려워서 치매 검사에는 사용할 수 없다는 의견도 있지만 오히려 '노화의 시작=전두엽의 기능 저하'를 알아볼 수 있는 결정적 반증이 된다. 젊은 사람의 경우에도 전두엽 활동이 나쁜 사람은 이 규칙을 발견하지 못한다. 그리고 정신 분열증 환자인 경우에는 이런 종류의 전두엽 기능 검사에서 성적이 나쁘게 나온다.

가끔씩 우리 주위에는 툭하면 한때 잘나갔던 과거의 성공담을 자랑하며 과거에 얽매여 있는 중장년층을 심심찮게 볼 수 있다. 당신 주변에도 상사나 은퇴한 선배들 중에 분명 이런 사람이 있을 것이다.

시대가 완전히 바뀌었는데도 자신의 경험이 유일한 잣대인 양 마치 설교하듯 자신의 인생 유전을 늘어놓는 유형은 아마도 이 WCST를 힘들다고 여길 것이다. 전두엽의 활동이 저하되어 사고가 굳어져서 새로운 사고방식으로의 전환이 느린 것이다. 일종의 고집증이 발생하고 있음을 보여주는 증거인 셈이다.

읽고 쓰고 계산하는 효과

마흔 고개를 넘으면 대화 도중에 다른 사람의 이름 같은 고유 명사를 분명하게 기억해 내지 못하는 현상이 자주 발생하곤 한다.

"가만, 그 여배우 이름이 뭐지? 할리우드 여배우가 사랑에 빠지는 내용의 영화에 출연했던…….

"아! 「프리티 우먼」에서 리처드 기어와 출연했던 그 여배우 말이야?"

"그래. 그런데 이름이 뭐더라?"

"얼마 전에도 TV에서 보았는데…….

며칠 전에도 친구 아내가 이 여배우를 닮아서 미인이라는 이야기를 나누었는데, 이름이 도무지 생각나지 않는다. 이런 경험은 누구나 있을 것이다.

나이를 먹을수록 이런 일은 더 자주 발생한다. 이제는 가전제품의 다기능 리모컨을 사용하는 방법도 좀처럼 기억하지 못한다. 누구나 이런 경험을 겪어봐서 뇌의 노화를 이야기할 때 흔히 기억력 저하와 연결 지어 생각하기 쉽다.

최근 서점에서 '뇌를 단련한다'거나 '뇌를 활성화한다'는 제목의 책들이 대량으로 매대를 점령하고 있다. 큰 히트를 친 닌텐도DS 게임 「뇌를 단련하는 성인 DS 트레이닝」의 광고에서는 "예? 쉰둘이라고요?"라고 중얼거리는 장면이 화제가 되기도 했었다. 그만큼 많은 사람들이 건망증을 노화의 시작이라고 오해하고 있다.

기억력이 쇠해졌다는 사실은 실감하기 어렵지 않다. 하지만 실은 전두엽 기능 쪽이 먼저 저하되며 본질적인 노화와 더 깊은 관계가 있다. 기억력이 저하되기 전에 이미 자발성이나 의욕이 떨어지고 감정 전환이나 제어를 할 수 없게 된다.

'뇌를 단련한다'는 붐을 일으킨 사람 중의 한 명인 도호쿠 대학의 가와시마 류타 교수가 단순한 계산 문제를 풀거나 책이나 신문을 소리 내어 읽기를 권하는 이유도 일리가 있다.

그가 주장하는 학습 방법은 매일 '읽고, 쓰고, 계산하는' 일을 반복하는 것이다. 이것은 기억력을 직접 단련하는 트레이닝이라기보다는 전두엽을 자극하는 트레이닝이다. 기억력을 단련하는 연습을 특별히 하지 않더라도 전두엽이 활성화되면 건망증이 개선된다는 것이다.

덧붙이자면, 앞의 대화에서 소개한 여배우는 줄리아 로버츠이고 할리우드 여배우가 사랑에 빠지는 러브 스토리는 「노팅힐」이다. 기억이 나지 않아 답답해하는 분들이 있을지 몰라 첨부해 둔다.

의욕의 차이가
청년과 노인을 구분 짓는다

전두엽의 노화는 빠르면 40~50대부터 시작된다. 이 자체는 자연의 섭리이며 당연한 현상이다. 하지만 이런 노화 현상을 방치해 두면 50~60대가 되었을 때 '젊은 노인'과 '진짜 노인' 사이에는 엄청난 격차가 생겨난다.

그 이유는, 전두엽이 노화하여 기능이 떨어지면 자발성이나 의욕도 쇠약해지기 때문이다. 이런 사람은 자신의 몸가짐에도 신경을 쓰지 않게 된다. 젊음을 되찾기 위한 미용이나 노화 예방에도 흥미를 보이지 않고 외모는 완전히 늙어 버린다. 불과 10여 년 전까지만 해도 예방 수단이 거의 없었기 때문에 전두엽이 노화되든 그렇지 않든 외모에 큰 차이가 없었다.

하지만 현재는 누구나 외모에 관한 한 젊음을 유지할 수 있는 다양한 방법이 있다. 의료 기술이 발달해 노화를 예방할 수 있고 패션과 미용 산업에 힘입어 나이가 몇이든 얼마든지 나만의 개성을 연출할 수 있다. 미용 성형 등을 통해 비교적 쉽게 주름을 감출 수도 있다.

따라서 50대가 되어도 30대로 보이는 사람이 있

사람은 감정부터 늙는다

는가 하면 폭삭 늙어서 70세 가까운 노인으로 보이는 사람도 있다. 외모보다 먼저 마음이 늙는 것이다. 남성도 마찬가지여서, 아저씨 냄새 풀풀 풍기는 차림새에 만족하는가, 아니면 어떻게든 젊어 보일 수 있는 패션을 추구하는가에 따라 분위기가 크게 달라진다.

이처럼 그 출발점에 해당하는 '의욕'의 차이에 의해 그 결과는 엄청난 차이를 가져온다. 문제는 의욕이 저하되면 일상생활에서 두뇌를 사용하는 기회도 훨씬 적어지게 된다는 점이다. 무슨 일이든 겁부터 집어먹고 몸을 움직이는 것조차 귀찮아진다. 활동을 하지 않으니 뇌가 자극받을 기회는 더욱 줄어들고 육체와 정신의 노화는 점점 더 빨리 진행된다.

감정이 노화되면 '귀찮아', '이제 이런 일은 하기 싫다.' 같은 말이 입버릇처럼 튀어 나온다. 자신의 한계를 인정하는 말도 자주 하게 된다.

"더 이상 똑똑해지고 싶은 생각은 없어."

"이 나이에 무슨 …… 이 정도면 충분해."

이런 식으로 스스로 노화를 인정하고 기회를 포기해 버린다. 삶에 대한 욕심이 없어지는 것이다.

작가 아카세가와 겐페이는 나이가 들면서 뇌의 기능이 쇠퇴하는 현상을 긍정적으로 받아들여 '노인력老人力'이라는 표현을 썼는데 욕심이 없어지는 것도 확실히 '노인력'에 해당한다. 사람이 나이 들면서 욕심을 버릴 수 있게 되었다는 것은 성숙한 어른다운 면모로 인정하지 않을 수 없다. 그러나 한편으로는 욕심이 사라졌기 때문에 늙어가는 건 아닐까? 그 같은 측면도 부정할 수는 없을 것이다.

어떤 새로운 일에 대해서는 '귀찮아.', '힘든 일은 이제 하고 싶지 않아.' 따위의 말만 내뱉는다면 이제 당신은 정말로 노인이 되어버린 것이다. 잊지 말라. '욕망'을 유지하는 것도 감정의 노화와 싸우기 위해 매우 중요한 일이다.

나이를 먹어도
체력과 지능은 쇠해지지 않는다

예전부터 나는 "나이를 먹으면 하고 싶은 대로 하면서 살라."라든가 "반사회적 행동이 아닌 이상, 노후에는 하고 싶은 일을 마음껏 즐기면서 살라."라는 주장을 줄곧 해왔다. 다른 사람들이 뭐라고 하건 말건, 맛있는 음식 먹고 한껏 멋도 내고 남자 친구나 여자 친구와 놀러 다니면서 인생을 즐기는 편이 훨씬 건강하다고 말이다. 그 이유는 마음을 뒤흔드는 자극적이고 즐거운 경험이 노화를 방지해 주기

사람은 감정부터 늙는다

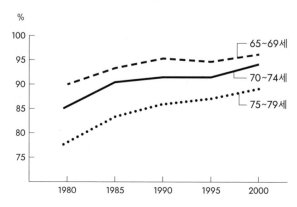

〈그림 3〉

65세 이상, 보행 능력이 정상인 사람은 증가하고 있다.

(도쿄 『노인의 생활 실태』 1980, 1995, 1990, 1995, 2000에서)

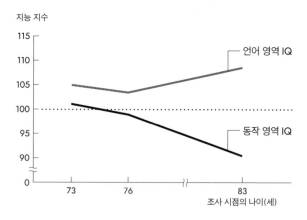

〈그림 4〉

언어 능력의 IQ는 고령자가 되어도 유지된다.

(「노화와 수명에 관한 장기적, 횡단적 추적 연구 보고」에서)

때문이다.

감정의 노화를 막을 수 있으면 육체의 노화도 상당 부분 막을 수 있다. 의학적으로 볼 때 사람은 체력이나 지적 기능보다 감정 기능이 먼저 쇠약해진다. 달리 말하자면, 감정이 노화하기 때문에 늙는 것이며 육체는 젊은 사람과 비교해도 손색이 없다. 이것이 현대 사회 고령자의 모습이다. 사실, 요즘의 고령자는 우리가 생각하는 이상으로 건강하다. 더구나 젊음을 되찾기 위한 노력은 갈수록 활기를 띠고 있다.

그림 3은 도쿄 도청이, 고령자로 불리는 65세 이상의 노인들 중에서 지팡이를 사용하지 않고 보통 속도로 걸을 수 있는, 즉 보행 능력이 정상인 사람의 비율을 조사한 것이다. 조사 결과를 살펴보면 2000년에는 65~69세인 경우, 약 95%가 정상 보행을 할 수 있었고 75~79세도 90% 가까운 사람들이 젊은 청년에게 뒤지지 않을 정도로 정상적인 보행을 했다.

이 도표를 보면 1980년 당시 65~69세의 정상 보행 비율이 90%이다. 이것은 2000년 75~79세와 거의 비슷한 수치이며 보행 능력만 비교해 보면 지난 20년 사이에 약 10세 정도 젊어졌다는 결론이 나온다.

또 지적 기능 역시 나이를 먹더라도 그다지 떨어지지 않는다.

옆의 그림 4는 도쿄의 고가네이 시에서 정상적인 노화 현상을 보이는 고령자를 대상으로 한 지능 테스트 결과이다.

73세까지는 언어 영역 IQ와 동작 영역 IQ가 모두 100을 넘고 있다.

언어 영역 IQ는 어휘나 단어 구사력, 이해력, 보통의 계산 문제, 유사성을 묻는 테스트 등 문자나 언어로 대답하는 것이다. 이것은 나이를 먹어도 크게 줄어들지 않는다는 사실이 확인되었다.

예를 들어 월간지 『문예춘추』는 독자의 평균 나이가 65세로 80대 독자도 적지 않다고 한다. 딱딱한 문체에다 활자로 빽빽하게 뒤덮인 두꺼운 종합 월간지를 읽을 수 있을 정도의 지능은 나이가 들어도 떨어지지 않고 남아 있는다.

또한 동작 영역 IQ는 그림을 완성하는 문제나 조합, 나무 쌓기 등 퍼즐 방식의 검사이다. 이 영역은 일반적으로 나이가 들면 저하된다고 알려져 있었지만 고가네이 시의 자료를 보면 73세의 시점에서 국제 평균인 100을 넘고 있다. 국제 평균은 젊은 사람에서 고령자까지 모두를 포함시켰을 때의 기준치이므로 그 평균 이상으로 성적이 좋았다는 뜻이다. 물론 고가네이 시는 도쿄의 베드타운으로 화이트칼라층이 많이 거주한다는 저간의 사정은 있지만 어쨌든 고령자가 되어서도 IQ 저하가 거의 없었다는 사실을 잘 대변하고 있다.

다양한 자료들이 제시하듯, 보행 능력이나 지적 능력은 우리가 생각하는 것처럼 나이를 먹었다고 해서 현저하게 줄지는 않는다.

체력은 지속적으로 사용하면 정상으로 유지된다

나이가 들면 체력이 쇠약해지는 것은 자연의 섭리이고 누구에게나 발생하는 현상이다.

그림 5는 노화에 의해 체력이 어떻게 변하는지, 최대 산소 섭취량 등을 바탕으로 살펴본 그래프이다. 당연한 일이지만 운동이나 체력 관리를 하지 않는 이상, 인간의 체력은 점차 저하되게 마련이다.

하지만 체력의 저하는 운동 등 꾸준한 훈련을 통해 상당 부분 경감시킬 수 있다. 예를 들어 정상적인 30세 성인이라면 나이 들면서 체력이 서서히 떨어지긴 하지만 운동을 마음먹고 시작한다면 상당히 높은 수준의 체력을 유지할 수 있다.

그렇다고 반드시 30세부터 운동을 시작해야 한다는 말은 아니다. 50세에 시작하는 경우에도 80세가 된 시점에서 운동을 전혀 하지 않는 20대 초반의 체력을 유지할 수 있다. 물론 여기서 체력이란 최대 산소 섭취량 등 특정 데이터에 한정된 것으로, 평범한 20대 청년처럼 빠르게 달릴 수 있다는 의미는 아니다.

그러나 101세의 나이로 세상을 떠날 때까지 평

〈그림 5〉
나이에 따른 노쇠 현상도 트레이닝으로 상당 부분 커버할 수 있다

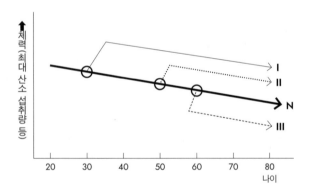

I. 30세에 트레이닝을 시작하여 지속적으로 실시하는 경우
II. 50세에 트레이닝을 시작하여 지속적으로 실시하는 경우
N. 트레이닝을 전혀 하지 않은 경우
III. 60세에 질병에 의해 병상에 누워 지낸 경우

생 현역 산악 스키어로 명성을 날린 미우라 게이조처럼 훈련을 계속하면 아무런 운동조차 하지 않은 20~30대보다 훨씬 능숙하게 산을 오를 수 있다. 이때 중요한 것은 '지속'이다. 미우라는 쉰이 넘어 백 세가 되어서도 산악 스키를 위한 훈련을 결코 빼먹지 않았다.

이와 달리, 질병 등에 의해 몸을 움직일 수 없게 된 경우, 꾸준히 훈련을 할 때와는 반대로 체력이 급속도로 저하되기 시작한다. 그림 5의 III은 60세에 병에 걸려 신체를 움직일 수 없게 된 사례이다.

이 자료를 통해 우리는 나이가 몇 살이든 운동이나 훈련을 시작하면 체력은 다시 향상된다는 것, 그리고 늙어서 질병이나 부상을 당하여 누워 지내다 보면 체력이 순식간에 약해져서 회복하기 어려워진다는 사실을 확인할 수 있다. 이것이 바로 노화의 특성이다. 앞에서 설명했듯, 고령자라 하더라도 대부분 정상 보행이 가능하지만 질병이나 사고 등으로 걸을 수 없는 처지가 되었을 때에는 단번에 체력이 악화된다.

가령 스키를 타러 갔다가 골절상을 입었다고 하자. 젊은 사람이라면 한 달 정도 침대에 누워 있어도 깁스를 풀면 다음날 바로 걸을 수 있다. 하지만 고령자는 다르다. 그 상태로 계속 누워 지내야 한다

사람은 감정부터 늙는다

거나 상당히 오랜 기간 요양을 하지 않으면 자리에서 일어나기 힘든 경우가 종종 있다. 감기나 폐렴 등으로 한 달 정도만 누워 지내도 그 이후 다시 체력을 회복하는 데에는 상당한 어려움과 시일이 걸린다.

나이를 먹을수록 사용하지 않는 신체 부위의 기능은 현저하게 떨어지기 시작한다. 젊은 시절과 노년기의 가장 큰 차이는 바로 '사용하지 않을 때의 기능 저하'에 있다.

나이를 먹으면
두뇌의 기능 저하가 심해진다

체력뿐만 아니라 두뇌의 기능도 마찬가지다. 사용하지 않으면 쇠약해지는 현상은 나이를 먹을수록 더 빠르게 나타난다.

젊은 시절이라면 몇 년간 직장 생활을 한 뒤 어느 날 고시에 도전한다 하더라도 그런대로 새로 공부를 시작할 수 있다. 가끔씩 우리 주변에, 대학 강의도 빼먹고 밤낮 없이 아르바이트로 생활하던 고학생이 고시 합격을 목표로 갑자기 맹렬하게 공부하는 예를 심심찮게 볼 수 있다. 그리고 때로 그 꿈이 실현되기도 한다.

　이처럼 젊은 시절에는 공부에서 몇 년간 멀리 벗어나 있었다 해도 다시 얼마든지 새로운 공부에 도전하여 그 지식을 뇌에 각인시킬 수 있다. 물론 질병이나 부상으로 한 달쯤 병원에 입원해 있다 해도 지적 기능에는 큰 영향이 없다.

　하지만 환자가 고령자인 경우, 한 달 정도 병상에 누워 천장만 바라보는 생활을 하다 보면 완전히 치매에 걸린 노인네처럼 변하는 수가 있다. 두뇌의 능력도 지속적으로 사용해야만 유지할 수 있기 때문이다.

　다시 한 번 되풀이해 말하지만 이것은 아주 중요한 사실이다.

　머리도 사용하지 않으면 쇠약해진다. 더구나 나이를 먹을수록 그 정도는 심해진다. 이것은 의욕이나 자발성, 그 원동력이 되는 호기심 등의 감정이 노화하기 때문이며, 늙어서 몸을 움직이지 않는 생활을 한다거나 머리를 사용하지 않고 지적 노동을 게을리 한다면 결국 운동 기능과 지능까지 쇠약해질 가능성이 높다.

　따라서 '체력이 약해졌다'거나 '기억력이 나빠졌다'는 사실보다 '감정의 노화'를 먼저 깨닫고 인지해야 한다.

"나이도 있으니까 조용히 살자."

이런 식으로 스스로를 규제하는 행동은 노화를 재촉한다.

"저 나이에 매일 놀러나 다니고 왜 저러는지 모르겠어."

이렇듯 빈축을 살 만큼 오히려 '불량 노인'이 되는 것이 젊음을 유지하는 비결이다.

호기심이 끄는 대로 활기 있게 행동할 때 체력과 지적 능력 모두를 건강하게 유지할 수 있다. 출발선에서 그 한걸음을 내딛지 못해 '안방 노인' 신세로 전락한다면 노화는 가속도로 진행된다. 감정 노화는 모든 노화의 원천으로 가장 치명적이다.

'사용하지 않으면 노화한다'는 관점에서 보면 감정도 마찬가지다. 감정도 지속적으로 사용하지 않으면 쇠약해지고 노화한다. 자극이 없는 생활을 계속하면 감정은 녹이 슬어버린다. 전두엽은 나이가 많아질수록 축소되는 까닭에 그냥 내버려두면 감정이 더욱더 빠른 속도로 쇠약해진다. 따라서 항상 '감정을 자극하는 생활'을 유지해야 좀 더 젊게 살 수 있다.

감정 노화로 이끄는 3가지 원인

첫째. 전두엽의 노화

되풀이해 설명했듯 전두엽은 사고, 의욕, 감정, 성격, 이성 등 인간으로서의 모든 행동을 담당한다. 인간답게 행복하고 즐겁게 살기 위한 에센스가 응축되어 있는 것이다. 따라서 전두엽 기능이 발달해 있는 사람은 활동적이고 무엇보다도 젊다.

그러나 유감스럽게도 뇌 안에서 가장 빨리 신경 세포가 감소되는 부분이 또한 전두엽이다. 전두엽을 지속적으로 사용하는 것, 즉 감정 노화를 막는 것만이 모든 노화를 예방하는 첫걸음이다.

둘째. 동맥경화

나이가 들면 많든 적든 혈관에 콜레스테롤 등이 침착되어 혈관 벽이 두꺼워진다. 그 결과, 혈관이 좁아져서 혈액의 흐름이 원활하지 못한 상태에 놓이는데 이것이 동맥 경화이다. 동맥 경화를 일으킨 사람의 뇌는 자발성 저하나, 한 번 울기 시작하면 그치지 못하는 감정실금感情失禁 현상이 나타나기 쉽다. 그리하여 자발적으로 행동하는 경우가 드물고 감정에 휘둘리기 쉬워진다.

상태가 더 악화되어 뇌혈관이 막히는 일이 빈번

사람은 감정부터 늙는다

하게 발생하면 뇌혈관성 치매에 걸리게 되는데 동맥 경화는 그 전단계라고 말할 수 있다.

동맥 경화를 일으키는 위험 인자로 확실하게 나쁘다고 확인된 것은 당뇨병과 담배이다. 그 밖의 요인으로 고혈압, 고 콜레스테롤, 비만, 스트레스, 성차性差(즉 남성), 나이 등을 들 수 있다. 예전에는 가장 나쁜 요인으로 여겨졌던 콜레스테롤은 단독 인자로서는 그렇게 위험한 인자가 아니라는 사실이 밝혀졌다. 그러나 다른 요인, 즉 당뇨병이나 비만, 담배, 고혈압 등과 결합하면 건강에 이상을 불러오므로 콜레스테롤 수치에도 주의를 기울여야 한다.

동맥 경화는 이른바 생활 습관에 의해 발생하는 질병으로, 협심증이나 심근 경색 등 심장을 둘러싼 관상 동맥 등의 혈액 순환이 나빠지거나 막히는 것이 원인이 되어 발생하는 허혈성 심질환이나 뇌졸중 같은 뇌혈관 장애의 위험성을 높여 준다는 사실은 잘 알려져 있다. 여기에 감정의 노화도 유발한다는 사실도 알아두도록 하자.

셋째. 세로토닌의 감소

뇌 내 신경 전달 물질인 세로토닌serotonin은 나이가 들수록 점차 감소한다. 세로토닌은 다른 신경전달 물질인 도파민dopamine(기쁨, 쾌락)이나 노르아드

레날린noradrenaline(공포, 놀람) 등의 정보를 통제하여 신경을 안정시키는 작용을 한다.

뇌 내 세로토닌이 부족할 때 일반적으로 나타나는 증상이 우울증이다. 젊은 사람들도 세로토닌이 일시적으로 감소하여 우울증 증상이 나타나곤 한다. 또한 우울증까지는 아니더라도 의욕 저하, 초조감, 이유 없는 통증을 호소하거나 여러 가지 컨디션 이상 증세를 느끼기도 한다. 진료실에서 일하다 보면 이런 종류의 컨디션 이상을 호소하는 고령자를 많이 만나게 된다. 나이를 먹으면 당연한 듯 여겨질지 모르지만 이것도 실은 감정의 노화 현상이다.

세로토닌의 원료는 육류에 많이 들어 있는 트립토판tryptophane 이라는 아미노산이다. 나이가 들수록 푸성귀를 많이 섭취해야 좋다는 말은 근거 없는 미신일 뿐 식생활에는 어느 정도의 육류가 갖추어져야 한다.

다음 장부터는 실제로 우리가 흔히 빠져들기 쉬운 감정 노화에는 어떤 것들이 있는지 살펴볼 것이다. 특히 전두엽의 노화를 방지하는 습관에 대해 자세하게 알아보기로 한다.

여기에서 중요한 것은 이런 예방 습관은 가능하면 빨리 들이기 시작해야 한다는 점이다. 일단 노화가 진행되면 어지간한 자극으로는 감정을 움직일 수 없기 때문이다. 감정의 노화가 진행된 뒤로는 여행 팸플릿이나 홈쇼핑의 여행 프로그램에서 기막히게 맛있는 음식점이 있다는 정보를 접하고도 외출하는 것 자체가 엄두가 안 나서 금세 포기해 버린다. 친구가 같이 가자고 간곡히 부탁해도 그저 귀찮기만 해서 거절하고 만다.

감정의 노화를 막을 수 있는 비책이 있다는 이야기를 듣고도 읽고 싶은 생각이 들지 않을 뿐더러 책에 씌어 있는 행동 습관을 실천하고 싶은 마음도 들지 않을 것이다. 예전에는 멋진 이성과 술을 마실 자리가 있다면 냉큼 달려 나가곤 했지만 이제는 만사가 무덤덤할 뿐이다. 이성에 대한 관심마저 사라졌다면 감정 노화가 상당히 진행되었다는 반증인 셈이다.

'즐거운 일이 있을 것 같다.', '재미있을 것 같다.'라는 감정이 작용하고 있을 때 무엇이 자신을 자극하는지, 무엇을 하고 있을 때 나이를 잊을 만큼 충만한 기쁨이 느껴지는지 찾아 두는 것이 무엇보다 중요하다.

나잇값 못하는 것을
두려워 말라

욕망은 본질적으로 살기 위한 원동력이다

게임이나 공부를 해서
전두엽을 자극하는 것만으로는
충분하지 못하며
활동적인 행동이 필요하다.
무슨 일이든 의욕이 없는 사람과
무슨 일이든 진심으로 즐기는
사람의 차이는
바로 여기에 있다.

욕망은 살기 위한 원동력이다

"흐르는 물은 그치지 않고 한곳에 고이지 않는다. 물 위의 물거품은 사라지기도 하고 다시 일어나기도 하지만 결코 그 자리에 머무르는 예는 없다."

일본의 고전 수필 『호조키方丈記』에 나오는 한 구절이다.

흘러가는 세월의 덧없음, 무상관은 동양인의 정신에 잘 어울린다. 작가 가모노 초메이는 신관神官의 가문에서 태어났지만 자신이 원하던 신사神社에 취직할 수 없었다. 신관으로서의 출셋길이 막히자 출가하여 『호조키』를 썼다.

이 초메이처럼 은거는 동양인으로서 이상적인 모습 중 하나다. 이 외에도 출가는 하지 않았지만 세속의 욕망을 버리고 자연을 벗삼아 살아가는 데에 마음을 둔 사람들이 적지 않게 있었다.

그러나 욕망은 살아가는 데에 필요한 가솔린, 즉 에너지원이다.

정신 분석학의 시조인 프로이트는 성적 충동을 발현시키는 에너지를 리비도libido라고 불렀다. 그의 제자이며 후에 그와 결별한 융은 리비도를 더 확장시켜 '모든 본능의 에너지 본체'로 파악했다. 이 해석의 차이가 두 사람을 결별시킨 이유가 되기도 했지만 아무튼 욕망은 이 리비도와 겹쳐진다.

프로이트는 이드id, 혹은 에스es라고 불리는 욕
망의 무의식 영역이나 그것을 발현시키는 에너지인
리비도를 '말'에, 이성의 중추영역인 자아(에고ego)를
'기수'에 비유했다.

말의 활발한 활동성, 즉 리비도의 강인함이나 에
너지의 양, 정신적인 긴장의 높이에는 개인 차이도
있을 수 있고 나이를 먹으면서 리비도의 수준이 내
려가기도 한다. 즉, 말의 활동성이 떨어지는 것이
다. 그러나 그렇다고 해서 기수까지 늙어 버리면 말
은 더욱 활동성을 잃는다. 따라서 활동성이 나빠진
말을 어떻게 리드하는가 하는 점이 관건이다.

바로 이런 기수 역할을 하는 것이 전두엽이라고
생각하면 된다. 에너지 수준이 떨어지는 상황에서
얼마나 전향적으로 살 수 있는가 하는 문제는 전두
엽의 활동에 달려 있다.

젊은 시절과 비교할 때 '말의 활동성이 떨어진
다.', 즉 '리비도가 저하한다.'는 점에서 욕망은 확실
히 줄어든다. 성욕 뿐 아니라 지배욕, 출세욕 등도
사그라들고 포기하게 되는 경우가 흔히 있다. 식욕
도 쇠약해진다.

그렇지 않아도 전두엽 기능이 쇠약해져서 "그럴
수도 있지." 혹은 "애걸복걸해도 소용없는 일이야."

라는 식으로 일이나 사물에 집착하지 않게 되고 "이 나이에 인기를 얻을 리 없어."라는 식으로 이성에 대한 흥미도 스스로 봉쇄해 버린다.

그러나 욕망은 본질적으로 살아가기 위한 원동력이다. 나이를 먹었다고 해서 그것을 억제하면 안 된다. 함부로 억제하면 어떤 일에도 의욕을 느낄 수 없고 무슨 일을 해도 재미를 느낄 수 없는 메마른 인간이 되어버리기 쉽다.

반대로, 전두엽을 확실하게 활동시켜 욕망을 조절할 수 있으면 아무리 나이를 먹어도 인생의 참맛을 즐길 줄 아는 풍류객으로 생활할 수 있다.

나이를 먹어도 무슨 일에서든 즐거움을 느낄 수 있는 사람으로 사느냐, 아니면 무슨 일에서든 즐거움을 느낄 수 없는 사람으로 사느냐 하는 것은 자신의 욕망을 어떻게 인식하느냐에 달렸다.

앞서 초메이 같은 이들은 은둔자이다. 하지만 그들은 직접 일기나 수필을 쓰거나 시를 짓는 등 창작 활동에 열정을 쏟았다. 삶이 메마른 상태처럼 보였어도 무엇인가를 표현하려는 욕망까지 메말라 있던 것은 아니다. 그들의 감정은 노화한 것이 아니라 나이를 먹으면서 더욱 생기가 흘러넘쳤다.

수명 연장 시대인 지금, 이른 나이에 감정이 메말라 버리면 남은 인생이 고통스러워진다. 초메이처럼 무엇인가 취미나 정열을 쏟을 수 있는 대상을 가진다는 것은 앞으로 나이 먹을 사람들이 젊고 건강하게 살기 위한 필수 조건이다.

여생이라고 부르기에는
남은 세월이 너무 길다

노인은 집에서 손자나 돌보면서 얌전히 생활하는 것이 가장 행복한 일이라는 인식이 있다. 물론 과거에는 그랬을지도 모른다.

1955년, 일본인의 평균 수명은 남성 63세, 여성 67세로 매우 짧았다. 불과 50년 전까지는 남성의 경우, 50대 중반에 정년을 맞이하면 여생은 10년도 남지 않았다. 이것은 어디까지나 평균치이므로 장수하는 사람도 당연히 있었을 테지만 당시의 60대는 현대 사회와 비교하면 훨씬 노인이었다.

핵가족화도 그다지 심화되지 않은 상황이었던 덕에 그야말로 손자나 돌보면서 여생을 보내는 것이 이상적인 노후였다. 현재의 중장년이 태어난 시대는 바로 그런 시대였다. 따라서 바로 최근까지 그런 인식이 존재했다.

하지만 지금은 상황이 바뀌었다. 일본의 후생노

동성이 발표한 통계에 의하면 2005년 남성의 평균 수명은 78세, 여성은 85세로 늘어났다. 덧붙여 같은 통계에 의하면 60세를 기준으로 삼았을 때 여생은 남성이 22세, 여성이 27세다(평균 수명은 0세를 기준으로 한 남은 생명). 정년 이후에도 활발하게 일하고 싶어 하는 사람들이 증가하는 한편, 조기 퇴직은 드물지 않은 시대다. 그렇다면 현역에서 물러난 뒤 20~30년의 시간이 남는다는 이야기이다.

이는 '여생'이라고 부를 수 있는 수준이 아니다. 1장에서 설명했듯 신체 기능도 젊어지고 지적 기능은 거의 쇠약해지지 않는다. 따라서 과거의 이미지에 얽매여 생각한다는 것은 매우 불합리하다.

옛날에는 돌보아야 할 손주가 있어서 오히려 다행이었다고 말할 수 있지만 현대 사회는 핵가족화되어 한 집안에 동거하는 손자도 없을 뿐 아니라 특별히 손을 봐야 할 일도 없는 상태다. 게다가 아무런 취미도 없는 상태에서 하루 종일 텔레비전을 보면서 집 안에서 무료한 시간을 보내는 노인이 적지 않다. 이것은 바람직하지 못한 상황이다.

젊은 사람보다 노인의
은둔형 외톨이 현상이 더 심각하다

젊은 시절에는 호기심이 많든 적든 매일 할 일이 있었고 그런 만큼 인생을 무료하게 보내지는 않았다. 하지만 정년 이후가 되면 의식적으로 호기심을 자극하지 않으면 외출할 기회도 없어지고 만다. 세간의 화제로 삼고 있지 않을 뿐, 이것은 분명히 '은둔형 외톨이'다.

지금 문제가 되고 있는 젊은이들의 은둔형 외톨이보다 노인의 은둔형 외톨이가 훨씬 더 많다. 분명한 수치 자료는 없지만 쇼핑을 할 때에만 외출을 하는 노인이 꽤 많은데 이것은 젊은이인 경우라면 병적인 은둔형 외톨이라고 지적할 수 있는 상태다.

노인의 이런 은둔형 외톨이 현상은 일에서 손을 뗀 60대 이후부터 나이를 먹을수록 눈에 띄게 증가한다. 내가 보기에, 20~40%가 은둔형 외톨이거나 그 예비군이며 80대가 되면 50% 이상이 은둔형 외톨이 상태에 빠진다.

젊은 사람의 경우에도 마찬가지다. 사소한 계기에 의해 은둔형 외톨이 생활을 하게 되었다고 해도 이런 생활이 오랫동안 지속되면 그 환경에서 좀처럼 빠져나오기 어렵다. 새로운 첫걸음을 내딛기 어려워지는 것이다. 은둔형 외톨이 생활을 하는 사람을 살펴보면 역시 전두엽 기능이 떨어져 있다는 인상을 받는다. 의욕이나 호기심이 없고 적극적인 모습을 보이지 않아서 더욱더 활동이 위축되는 악순환의 결과이다.

노인의 경우, 은둔형 외톨이 생활을 하면 수명을 단축시키는 결과를 낳는다. 60대를 노인이라고 부르기는 그렇지만(나의 정의로는 고령자는 75세 이상이다), 60대 나이에도 은둔형 외톨이 생활을 하는 경우가 얼마든지 있을 수 있고 그럴 때 노화가 급속도로 진행된다. 감정이 완전히 늙어버렸기 때문에 다시 의욕을 불어넣어 주는 것은 아주 어려운 일이다.

나는 자신의 감정을 자극해 주는 것이 무엇인지 찾아보거나 시도해 보는, 즉 감정의 노화 예방을 시작할 시기는 40대라고 생각한다. 40대 후반이 되면 자기가 하는 일을 바탕으로 앞으로의 인생이 어떻게 전개될 것인지 어느 정도 예상할 수 있는 시기이기 때문이다. 여성의 경우에는 자녀 양육이 일단락 지어져, 그 이후의 인생을 어느 정도 예측할 수 있는 시기다.

이 시기에 휴일이라는 핑계로 하루 종일 텔레비전을 보면서 시간을 보내면 장래가 위험해진다. 일이나 자녀 양육 대신, 인생의 즐거움을 발견하는 것이 중요하다.

즐거운 일이 없다고 말하기 전에
모든 것을 시도해 본다

40대 때부터 감정 노화를 예방하기 위해 실천 행동에 나서라고 주장하는 데에는 또 다른 이유들이 있다.

첫째는, 인생의 갈림길에 접어든 쉰 살을 맞이하면 갱년기 장애를 동반하여 감정의 노화를 예방하려는 의욕조차 포기할 위험성이 높아지기 때문이다. 그렇게 되기 전에 스스로 노화를 예방할 수 있는 대책을 일찌감치 마련해 두어야 한다.

또 한 가지 이유는, 40대가 되면 개인의 기호가 굳어져서 자신이 정말로 즐거움을 느낄 수 있는 것, 좋아하는 대상이 분명해지기 때문이다.

흔히 10대, 20대 때 좋아하던 음식이나 음악, 취미, 이성 타입 등이 40대가 되면 완전히 바뀌곤 한다. 그러나 40대 때 즐기던 대상은 60~70대가 되어서도 계속 좋아하는 경우가 많다.

40대에 골프를 즐기던 사람은 70대가 되어서도

골프를 즐기고, 노래를 좋아했던 사람은 70대가 되어서도 노래를 좋아한다. 즐거움을 느낄 수 있는 대상이 있으면 그것을 해보고 싶다는 욕망과 의욕을 느낀다. 골프든 노래든, 그것을 해보고 싶다는 생각을 하는 한, 적어도 은둔형 외톨이는 되지 않을 가능성이 높다.

예를 들어 80대 중반의 나이에도 연극을 좋아해서 일주일에 한 번은 꼭 연극을 관람하는 어떤 남자가 있다. 그는 60세에 정년을 맞이한 뒤로 이 생활을 25년째 계속하고 있다.

물론 오랜 세월 한 가지 취미에만 몰두하다 보면 질릴 가능성도 있다. 그러므로 40대 때에는 '내 취미는 이것이다.'라고 한정 짓지 말고 가능하면 감각의 안테나를 사방으로 뻗어 두는 것이 좋다.

"무엇을 해도 즐거움을 느낄 수 없다." 이것은 분명한 노화 현상이다.

40~50대에 이런 자각이 왔을 때 그대로 방치하면 노화는 더욱 가속화된다. 그러므로 무엇보다 '세상에는 재미있는 일이 너무 많다'는 경험을 해두는 것이 중요하다.

탄탄한 기업에 근무하는 사람들 중에는 현역 시절에는 바빠서 즐거움을 찾거나 취미 생활에 빠져 있을 여유가 없었노라고 호소하는 이들이 꽤 많다.

그러나 내가 만난 일류 기업인은 오페라나 연극 등 다채로운 취미를 가진 사람들이 꽤 많았다.

'닭이 먼저인가, 달걀이 먼저인가' 같은 논리가 되어 버렸지만 전두엽이 젊은 덕에 흥미의 폭도 넓어지고 실제로 행동으로 옮길 수 있는 것이다. 결과적으로 전두엽이 자극받음으로써 젊음을 유지하게 되는 '선순환'이 탄생하는 것이다.

이 선순환을 실현하려면 '무엇을 해도 즐거움을 느낄 수 없는 상태'에 빠지기 전에 의식적으로 호기심을 자극하는 생활을 해야 한다.

구체적으로 말하면 '행동'이 가장 중요하다. 클래식을 듣는 것이 취미라면 LP 음반을 수집하는 것뿐 아니라 1년에 한 번이라도 콘서트에 가본다. 음식 프로그램을 좋아한다면 반드시 체크해서 그 가게를 찾아가 본다.

어떤 식이든 집에서 벗어나 외출하는 습관을 들이는 것으로 행동과 욕망의 선순환, 즉 전두엽이 활성화되는 생활을 실현할 수 있다.

행동에 나서기 위한 계기를 만든다

이제 빨리 늙지 않으려면 게임이나 공부를 해서

전두엽을 자극하는 것만으로는 충분하지 못하며 활동적인 행동이 필요하다는 사실을 이해했을 것이다. '무슨 일이든 의욕이 없는 사람'과 '무슨 일이든 진심으로 즐기는 사람'의 차이는 바로 여기에 있다. 무슨 일이든 우선 행동으로 옮겨 보아야 다음에 하고 싶은 일을 발견하기 쉽고 무슨 일을 해도 즐거움을 느낄 수 있다.

텔레비전만 하루 종일 들여다보는 것은 당연히 바람직하지 않지만 그렇다고 텔레비전을 원수처럼 생각할 이유도 없다. 프로그램을 보고 그것을 행동과 연결 짓는 습관을 들이면 된다.

예를 들어, 젊은 시절에는 음악 프로그램이나 버라이어티 프로그램을 좋아해도 나이를 먹으면 역사 프로그램이나 여행 프로그램을 좋아하게 된다. 그렇다면 프로그램에서는 교과서에는 결코 실려 있지 않은 장소와 사실을 가르쳐 준다.

대도시 근교는 뜻밖으로 역사적인 명소가 많이 있다. 지방 방송에서도 역사를 다루는 프로그램, 역사와 관련이 있는 프로그램은 항상 방영되고 있다. 전국 어느 곳이라고 해도 대부분 하루 안에 다녀올 수 있는 곳들이다.

역사 드라마에 이용된 무대를 방문하는 사람도 많다. 요즘에는 사극이 붐을 이루고 있는데 그 배경에 등장하는 장소, 무대를 찾아가 보는 것도 즐거움을 맛볼 수 있는 방법이다. 또. 소설이나 수필의 배경이 되는 장소를 직접 찾아가 확인해 보는 것도 여행의 즐거움을 맛볼 수 있는, 활동적으로 생활할 수 있는 방법이다.

역사적인 흥미에서 시작한 여행은 그 고장의 음식도 맛볼 수 있고 새로운 발견도 하게 되어 지금까지 느끼지 못했던 색다른 풍취를 마음껏 즐길 수 있다.

만약 텔레비전이나 영상 매체를 통해서 세계 유산 같은 것을 즐겨 보는 사람이라면 그것만으로 만족하지 말고 1년에 한 번 정도, 지역과 테마를 정하여 세계 유산이 있는 장소를 방문해 보는 것도 좋은 방법이다.

국내의 유명 사적지를 열거해 놓고 방문을 할 때마다 스탬프를 찍는 스탬프 여행을 즐기는 사람도 있다.

해외에도 로마나 베네치아, 그리스처럼 관광을 겸하여 찾아가 볼 만한 장소가 많이 있고 다양한 테마 여행이 마련되어 있다.

만약 철도 팬이라면 움직이는 세계 유산이자 세계 최초의 산악 철도로 유명한 오스트리아의 잼머링 철도Semmering Railway를 타 보는 것을 목표로 삼아

보면 어떨까. 당시의 최첨단 토목 기술을 이용하여 물리적으로 무리라고 여겨졌던 알프스를 처음으로 넘은 철도다.

불교 유적을 주제로 태국, 스리랑카, 인도, 티베트 등을 여행하거나 크리스트교 유적을 주제로 이스라엘을 여행하는 종교 여행도 많은 것을 얻을 수 있다.

이런 여행을 즐기는 사람들은 "실제로 한 번 여행을 떠나 보았더니 또 가고 싶어졌다."라고 말한다. 한 번 행동에 나선 뒤에는 또 움직이고 싶고, 움직이기도 쉬워진다.

중장년 이후의 창업은 결코 꿈이 아니다

평균 수명이 늘어나면서 노동에 대한 의욕도 바뀌었다. 얼마 전의 데이터인데 60세 이후에도 활동하고 싶어 하는 사람이 확실히 증가하고 있다. 그림 6을 보면, 60세 정도까지만 일을 하겠다는 사람은 9.5%에 지나지 않는다. 80%에 해당하는 사람들이 60세 이후에도 일을 원한다.

또, 정년퇴직을 한 직장인 중에도 '고령자의 창업'에 찬성하는 사람이 많이 있다. 그림 7처럼,

85.9%의 사람들이 고령자의 창업에 찬성하고 있다. 더구나 '매우 바람직한 생각'이라고 생각하는 사람이 23.5%나 된다. 가장 많은 것은 '좋은 생각이지만 현실적으로는 어려울 것이다.'라는 의견으로 62.4%다.

그런 배경을 생각하면, 40~50대에 창업을 꿈꾸거나 창업을 하기 위한 아이디어를 내어 인생을 설계하는 것은 결코 공상이 아니다.

나는 『회사에 다니면서 연봉 3천만 엔을 실현한다』에서 회사를 다니는 한편으로 적은 자본을 투자하여 부업을 하는 형식으로 돈을 벌라고 권했다. 이것은 적은 돈을 투자하여 성공할 때까지 몇 가지의 아이디어를 시행해 보는 것으로 나 자신도 실천하고 있다.

아무리 작은 비즈니스라고 해도, 또는 아무리 직장을 다니고 있다고 해도 창업은 창업이다. 자신의 재능으로 돈을 버는 행위는 두뇌를 자극한다는 점에서 최상급에 속한다. 또, 생각만큼 사업이 성장하지 않으면 그 원인과 대책을 생각하고 잘 진행될 때에는 성공한 이유를 분석하는 태도를 갖추어야 두뇌에 대한 자극이 더욱 강렬해진다.

부업을 하다보면 실망할 때도 있고 하늘로 뛰어오를 정도로 기쁠 때도 있을 것이다. 경영은 감정으

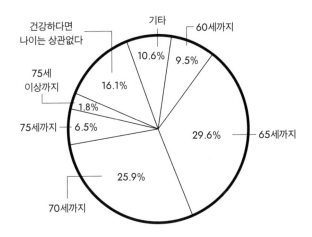

〈그림 6〉
80%에 해당하는 사람이 60세 이후에도 일을 원한다.

- 건강하다면 나이는 상관없다 16.1%
- 기타 10.6%
- 60세까지 9.5%
- 75세 이상까지 1.8%
- 75세까지 6.5%
- 65세까지 29.6%
- 70세까지 25.9%

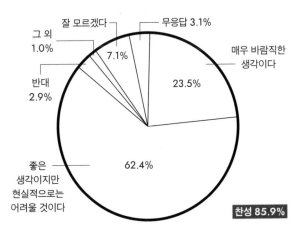

〈그림 7〉
고령자의 80% 이상이 '고령자 창업'에 찬성하고 있다.

- 그 외 1.0%
- 잘 모르겠다 7.1%
- 무응답 3.1%
- 반대 2.9%
- 매우 바람직한 생각이다 23.5%
- 좋은 생각이지만 현실적으로는 어려울 것이다 62.4%
- 찬성 85.9%

(그림 6, 그림 7 모두 『기업 퇴직 경험자의 의식 조사』에서)

로 하는 것이 아니지만 그래도 감정이 개입되지 않을 수는 없다

한편, 새롭게 느끼는 일도 많이 있을 테고 실천을 하는 도중에 새로운 아이디어가 떠오르는 경우도 있다. 또, 행동에 나서는 것에 의해 전두엽이 자극을 받고 의욕이나 호기심, 욕망을 재생산 해주기 때문에 더 활동적인 인간으로 변한다.

물론 처음부터 마음먹은 대로 일이 풀려나가기는 어렵다. 국수 가게를 개업하든 고향의 특산품을 판매하든 시행착오가 되풀이 될 수도 있고 실패를 하여 좌절할 확률이 성공할 확률보다 더 높을 수도 있다.

그렇기 때문에 처음에는 빚을 내지 말고 저축금액 범위 안에서 '적은 자본'으로 시작하는 것이 철칙이다. 적은 자본이라고 해도 사람에 따라 그 액수가 다르겠지만 설사 실패를 해도 그 후의 인생에 큰 영향을 끼치지 않는 범위, 즉 재산의 10~20% 정도가 타당한 선이다. 이 정도의 금액이라면 실패를 하더라도 만회하기 쉽고 포기하기 쉽다. 자신의 인생에 투자한다는 사고방식을 가지면 주식에 투자하는 것보다는 충격이 적을 것이다.

회사를 그만두거나 빚을 내면서까지 승부를 보는 것은 어느 정도인지 궤도에 오른 이후의 일이다.

요즘은 무엇이 정답인지 짐작하기 어려운 시대이기 때문에 결과를 지켜보면서 임기응변으로 새로운 기틀을 마련해 나가는 것이 성공 확률이 높다.

취미나 좋아하는 일을 그대로 살려서 창업하는 것도 좋고 나름대로 계획을 세워 일확천금을 꿈꾸고 창업하는 것도 좋다. 전향적인 정신과 자극적인 생활은 전두엽에 가장 좋은 약이며 그런 사람의 감정은 간단히 노화하지 않으니까.

일확천금을 꿈꾸어 창업을 하는 경우에 관하여 한 가지 충고를 해 둔다면 '독창적인 아이디어'에 너무 얽매이지 말라는 것이다. 아무도 본 적이 없는 우수한 아이디어를 짜내려 하면 결국 아무것도 생각해 낼 수 없게 될 확률이 높다.

평범하고 일반적이라고 해도 우선은 질보다 양, 대량의 아이디어를 짜내는 것이 중요하다. 그 이후에 여러 가지로 조사를 하여 창업의 기틀을 마련하면 된다. 그 과정만으로도 충분히 즐거움을 맛볼 수 있다.

또 한 가지 주의해야 할 점은 감정이 노화된 이후에는 실제로 창업을 실행하기 어렵다는 것이다. 정년퇴직을 한 이후에 인터넷에 종합 낚시 정보 사이트를 제공하면서 정년 이후의 창업 지원을 하고 있는 사카이 히로시에 의하면, 정년 이후의 창업이 바람직한 방향으로 진행되는 것은 대부분의 경우 40대부터 아이디어를 생각해 두었던 경우라고 한다.

무조건 '창업은 무리'라고 생각하지 말고 자신이 할 수 있는 사업은 없는지 다양하게 생각해 보자. 잘 되면, 삶의 보람과 수입이라는 두 가지 열매를 모두 손에 넣을 수 있고 실패하더라도 재미있는 승부를 즐겼다고 생각하면 결코 손해는 아니다.

나이를 먹는다는 것은
자극에 익숙해지는 것이다

40대가 되면 회사와 가정에서의 일상생활이 천편일률적으로 바뀐다. 직장인의 입장에서 보면 입사한 이후 20년 정도가 지난 시점이기 때문에 일에 익숙해짐과 동시에 질려 버린다. '익숙해지는 것'과 '질려버리는 것'은 표리일체의 관계다.

한편, 인생 경험이 풍부해지면 다양한 자극에 대해 어느 정도 예상을 할 수 있다. 신입 사원 시절에는 모든 일이 새롭고 처음 경험하는 일이기 때문에 늘 긴장하고 당황한다. 실수를 했을 때의 침울함과 성공을 했을 때의 성취감이 모두 큰 것이다. 하지만 어느 정도 시간이 흘러 익숙해지면 그런 것들이 시시하게 느껴진다.

또 40~50대에 지방에서 처음으로 대도시로 올라오는 사람과 입시 때문에 처음으로 대도시로 올라온 사람은 변화를 느끼는 정도에 엄청난 차이가 발생한다. 전자는 텔레비전이나 영상 매체 등을 통해서 대도시의 분위기나 환경에 익숙해져 있기 매문에 이미 예습을 한 것과 같은 상태다. 따라서 새로운 변화에 그다지 놀라지 않고 설렘이나 호기심도 크게 느끼지 않는다. 바꾸어 말하면, 인생 경험이 오히려 방해가 되어 새로운 것에 대한 흥미를 느끼지 않는 것이다.

인생 경험에 의해 축적된 이런 지능을 '결정성 지능'이라고 부른다. 이 '결정성 지능'에 의해 사고력이나 판단력은 높아지지만, 뒤집어 보면 '앞을 미리 읽어 버린다'는 의미가 있기 때문에 처음 체험하는 일에서도 감동을 느끼는 수준이 낮을 수밖에 없다. 젊은 시절처럼 '새로운 경험'은 느낄 수 없고 다양한 자극에 대해서도 그 앞을 미리 예상해 버리기 때문에 사물이나 대상에 특별한 관심을 가지지 못하는 것이다.

뉴스를 들었을 때의 반응이나, 대화를 하는 도중에 "그럴 수도 있지." 혹은 "당연히 그렇겠지."라는 말을 자주 하고 있다면 주의해야 한다.

나잇값 못하는 것을 두려워 말라

혹시 당신은 자사의 제품 때문에 사망 사고가 발생했는데도 책임을 인정하려 하지 않았던 가스 회사나 어린이 살해의 가능성을 충분히 검증하지 않고 사고로 처리해 버린 경찰이 화제가 되었을 때, "그럴 수도 있지. 조직이니까……."라는 식으로 태연하게 받아들이고 있지는 않은가.

지금까지의 지식이나 경험을 토대로 사물의 배경이나 구조를 이해하려는 태도는 어찌 보면 당연하다. 하지만 무엇이든 그럴 수도 있다는 식으로 받아들이는 것은 감정에 덮개를 씌워 놓는 것과 같다. 놀라거나 분개하는 자연스러운 감정적 표현이 필요하다.

물론 어린아이처럼 감정을 그대로 표출해야 한다는 의미는 아니다. 무슨 일이든 흥미를 보이지 않는, 만사를 포기한 것 같은 태도가 바람직하지 않다는 말이다. 그런 태도는 자기도 모르는 사이에 감정을 노화시키는 결과를 낳는다.

의식적으로 강한 자극을 찾는다

나이를 먹으면 어지간해서 흥미를 느끼지 않는 이유는 경험이 많은 데다 전두엽의 기능이 저하되기 때문이다.

"낙엽이 떨어지는 것만 보아도 우습다."

이것은 10대에 해당하는 이야기이지만 성인이 되어서도 감정이 예민한 사람은 사소한 일에서도 감동을 느낄 수 있다. 하지만 일반적으로는 나이를 먹으면 어지간한 일에 감동을 하지 않는다. 전두엽의 기능이 저하되어 강한 자극이 아니면 감각적으로 느낄 수 없기 때문이다.

감도가 둔해진 데다 앞을 읽을 수 있다는 것 때문에 신선함을 느끼기 어렵다. 따라서 의식적으로 찾아야 한다.

감동은 기본적으로 '예상'과 '실제 경험'의 차이에 의해 발생한다.

유명한 요리사의 음식을 먹었을 경우에도 마찬가지다. 평소에 일류 음식점을 자주 이용하는 사람이라면 아무리 맛있는 음식이 나와도 그저 그렇다는 범위 안에서 받아들일 것이다. 감동은 기대 이상의 결과가 나왔을 때에 느끼는 것이기 때문이다.

경험이 쌓이면 예상의 폭이 넓어진다. 그리고 그 범위 안에 들어 있는 것에 대해서는 당연히 놀라지 않는다.

그렇기 때문에 자신의 예상을 벗어난, 새로운 자극을 받을 수 있는 기회를 의식적으로 만들어야 한다. 음식에 흥미가 있는 사람이라면 지금까지 먹어 본 적이 없는 음식을 먹어본다. 고급 일식 요리에 익숙한 사람이라면 어지간한 일식 요리에는 감동하지 않겠지만, 지금까지 맛본 적이 없는 태국 요리 등에 도전해 본다면 예상 밖의 맛을 느낄 수 있다. 그 밖에도 감정을 강하게 자극하는 것으로 카드놀이나 경마 등의 '승부'나 '도박', 나아가 '연애'가 있다. 이것들의 공통점은 예상 밖의 결과가 발생하는 '불확실성'과 '이번에는 이기고 싶다', '더욱 강해지고 싶다'는 '향상심'이 자극을 받는다는 점이다.

향상심을 담당하고 있는 것도 전두엽이다. 승부나 도박에서는 패하면 분하고 다음에는 반드시 이기기 위한 연구와 노력을 한다. 연애도 처음에 시작했을 때에는 어떻게 행동해야 상대방이 기뻐할 것인지 최대한의 상상력을 발휘하여 연구하게 되고 자기 자신도 상대방에게 어울리는 사람이 되기 위해 노력한다. 무슨 일이든 자신이 조금씩 진보하고 있다는 사실을 느끼는 것은 즐겁고 중요한 체험이며 살아가는 에너지도 된다.

실제로 연애는 젊음을 되찾는 묘약이다. 약간의 치매 증상이 있던 할머니도 멋진 할아버지를 만나 화장을 시작하거나 옷에 신경을 쓰게 되면 증상이 호전되는 경우가 흔히 있다. 갑자기 생기가 되살아 나는 것이다.

나잇값이라는 말은 최대의 적!

평론가 다케무라 겐이치와 대담을 했을 때 이런 말을 들었다. "테니스는 50세, 스키는 57세, 스쿠버 다이빙은 58세부터 시작했다." 일반적으로는 누구나 말릴 나이에 도전을 시작한 그 호기심과 행동력은 전두엽의 젊음을 그대로 대변해 준다.

1960~70년대, 시사 프로그램과 버라이어티 프로그램의 게스트로 출연했을 뿐 아니라 텔레비전 광고까지 출연하는 등 텔레비전에서 얼굴을 보이지 않았던 날이 거의 없을 정도로 유명했던 그는 그때까지 스포츠와는 인연이 전혀 없었다. 단, 호기심은 왕성한 사람이었다.

그는 풀브라이트 교환 유학생으로 미국에 유학한 이후, 곧장 일본으로 돌아오지 않고 배를 타고 대서양을 건너 유럽을 여행한 후 반년 만에 고향으로 돌아온다.

"당시는 해외여행이 제한되어 있던 시절이었기 때문에 이 기회를 이용해서 유럽을 구경하고 싶었습니다." 그의 호기심을 엿볼 수 있는 에피소드다.

50대의 나이에 다양한 일들을 시작하여 여러 가지 즐거움을 맛보는 것은 뇌의 특성으로 볼 때 논리에 맞는 행동이다. 일에서든 놀이에서든, 몇 가지를 병행하여 실행하다 보면 전두엽이 '감정 전환'을 훈련하는 결과를 낳기 때문이다. 어떤 일이 뜻대로 풀리지 않더라도 다른 즐거움이 있으면 기분을 전환하기 쉽다. 좋아하는 것이 많은 사람은 기분 전환을 잘 하고 앞에서 설명한 '고집증'에서 멀어질 수 있다.

다케무라 씨가 대단한 점은 새로운 일을 시작할 때에 '나잇값도 못하고', '이 나이에 무슨', '너무 늦어서'라는 발상이 없다는 것이다.

동양에서는 노인에 대해 묘한 생활 규범이나 도덕관을 강요한다.

"노인은 담담한 태도로 조용히 지내야 한다."

이런 식으로 결정을 내려 버린다. 또, 중장년의 양복은 회색이나 어두운 계통이 어울린다는 식으로 본인은 물론이고 주위 사람도 그렇게 믿어 버린다. 카드놀이보다는 시를 짓는 것이 고상하고 잘 어울린다는 식으로 나이를 먹으면 먹을수록 규범이나 틀에 자신을 가두어 놓으려 한다. 그러나 이것은 본질적으로 잘못이다.

전두엽의 기능이 쇠약해지고 의욕도 저하되었기 때문에 더욱 자신의 흥미나 호기심을 중요하게 생각해야 한다. "이제 나이도 있으니까 시라도 지어 볼까?" 이런 동기로 시작해서는 지속하기 어렵다. '나이'를 전제로 생각하는 한, 무슨 일을 하든 흥미와 호기심을 느끼기보다는 포기할 가능성이 높다.

시인 사이토 모키치의 미망인 데루코 씨는 80세를 넘어서도 세계 각국을 여행했다. 그것도 남극과 아프리카 등 여행하기에 결코 편하지 않은 지역이었다. 그녀는 아들 기타모리오 씨와의 대담에서 "위대한 사람의 아내는 모두 악처로 정해져 있는 거야."라고 말했다. 의미 없는 도덕률이나 '나잇값도 못한다'는 무언의 압력과는 인연이 없는 삶이었다.

중장년 이후에는 '나이'를 내세우는 주위의 말투에 지나치게 과민한 반응을 보이지 말고 재미있어 보이는 대상이 있으면 즉시 실행해 보는 것이 중요하다. 하물며 돈과 시간에 여유가 있다면 지금까지 몰랐던 강한 자극을 얻는 것은 비교적 간단한 일이다.

호기심이 느껴지는 대상이 있으면 일단 시작해보고. 적성에 맞지 않거나 재미를 느낄 수 없다면 그만두면 된다. 그리고 또 다른 대상에 도전해 본다.

중년 이후에는 어떻게
새로운 친구를 사귀어야 할까?

직장인이었던 사람이 퇴직을 한 뒤에 갑자기 늙어 버리는 이유는 그 때까지 거의 매일 만났던 동료들이 갑자기 사라지면서 인간관계가 무너지기 때문이다. 즉, 무슨 문제에 대해 의논하고 상담할 상대가 사라져 버리는 것이다.

부인과 친밀한 관계를 유지했던 사람이라면 그래도 다행이지만 자녀 양육도 끝나고 부부 사이에 대화가 거의 없던 경우라면 하루 종일 이야기를 나눌 기회가 없다.

그럴 때에 친구의 존재는 매우 중요하다. 그러나 40~50대의 나이에 학창 시절의 친구나 일과 관련된 동료 이외에 많은 친구를 가지고 있는 사람은 별로 없다.

따라서 나이를 먹기 전에 일과 관련이 없는 새로운 친구를 만들어 두는 것이 중요하다. 그리고 누구에게나 호감을 얻을 수 있는 사람이 되기 위해 노력할 것이 아니라, 수는 적더라도 중요한 문제를 의논할 수 있고 취미를 함께 즐길 수 있는 친밀한 친구를 만들어야 한다.

그렇게 하려면 개인적인 장소에서 자신의 장점은 무엇인지, 일 이외에 승부를 걸 수 있는 특기는 무엇인지 자기 자신에 대해 분명하게 확인해 보아야 한다.

"바둑이라면 누구에게도 지지 않을 자신이 있어."

"노래라면 프로 못지않은 실력을 갖추고 있어."

이런 식으로, 무엇이든 상관없다. 그것이 풍부한 인간관계를 만드는 데에 매우 중요한 역할을 한다.

그리고 지금은 인터넷이 있으니까 매우 특별한 취미라 해도 한 달에 한 번 정도 동호인끼리 모이는 그룹이 있기 때문에 이것을 이용하면 된다.

과거의 LP레코드를 많이 가지고 있는 사람들은 아날로그 오디오를 가지고 있는 사람의 집에 모이기도 한다. 그것도 재즈를 좋아하는 모임, 70년대의 록을 좋아하는 모임이라는 식으로 세분화되어 있고 그 중에는 자신이 제작한 진공관식 앰프를 이용하여 음악을 듣기 위해 앰프를 직접 만드는 모임도 있다. 흥미나 호기심이 많을수록 친한 친구도 쉽게 만들 수 있다.

정년 이후라면 그런 그룹이나 모임의 간사를 담당하는 것도 좋다. 특정한 역할을 담당하면 외출해야 할 일이 자주 생길 뿐 아니라, '필요한 인물'로서 대우도 받게 된다. 이런 자리매김은 정년 이후에 특히 중요한 의미를 가진다.

의욕이 전혀 일지 않을 때의 대처법

1장에서 설명했듯 전두엽이 쇠약해지면 감정 전

환이 어려워진다. 기분 나쁜 일이 있으면 누구나 마음이 우울해진다. 하지만 중장년이 되어 한 번 우울한 기분에 빠졌을 때 기분 전환이 어려운 이유는 전두엽이 노화되었기 때문인 경우가 많다.

난처하고 기분 나쁜 감정에 사로잡혀 있을 때에는 '엎친 데 덮친 격'으로 계속해서 나쁜 일만 발생한다는 말이 있듯, 부정적인 감정은 쉽게 지워버리기 어렵다. 기분이 우울할 때에는 모든 것을 나쁜 쪽으로 생각하기 쉽기 때문에 정확한 판단을 내릴 수 없고 결과적으로 악순환이 되풀이된다.

바람직하지 못한 흐름을 차단하려면 기분 나쁜 일이 있더라도 "나는 안 돼.", "무슨 일을 해도 제대로 되는 게 없어."라는 식으로 부정적인 생각은 하지 말아야 한다. 즉, 반성을 하지 말아야 한다. 기분이 나쁠 때에는 자신의 잘못에만 눈길을 주기 쉽기 때문에 그럴 때에 반성을 하면 더욱 우울한 기분에 빠지는 악순환이 되풀이된다.

따라서 기분이 나쁠 때에는 절대로 반성하지 않겠다는 생각을 습관처럼 갖추고, 한편으로는 그런 기분을 긍정적으로 전환시킬 수 있는 자신만의 방식을 찾아내야 한다.

예를 들어, 일에 집중할 수 없을 때에는 기분을 전환하기 위해 찾아가는 특정 커피숍을 정해 두거나 지쳐서 의욕이 일지 않을 때에는 반드시 육류 요리를 먹는다는 식의 작은 리추얼ritual이 효과적이다. 행위가 효과적이다. 그것을 계기로 악순환을 차단하는 것이다.

하지만 그래도 기분이 가라앉아 밤에 잠도 잘 수 없고 문득 슬픈 감정에 사로잡혀 스스로를 통제하기 어려운 상황이 지속되면 신경과나 정신과를 찾아가 보는 것도 좋은 방법이다. 우울증인 경우, 일찍 치료하면 약으로도 완치가 가능하다. 그 기준은 2주일 이상 우울한 상태가 지속되는 것이다.

실제로 이런 호소를 하는 40~50대는 꽤 많이 있다.

"지금까지 이렇게 우울한 기분이 들어본 적은 없어. 20대·30대에는 이런 일은 없었는데……."

우울증이 처음으로 발병하는 나이는 40대, 50대가 가장 많다. 신경 전달 물질인 세로토닌이 나이가 들면서 감소되는 것과도 관계가 있다.

WHO(세계보건기구)의 통계에 의하면 인구의 3%가 현재 우울증을 앓고 있다고 하며 평생을 살면서 우울증에 걸릴 확률은 15~25%에 이른다고 한다. 젊은 시절에 우울증을 앓아 본 적이 없다고 해도 평생 걸리지 않는다는 보장은 없다. 자기는 절대로 우울증 따위에 걸리지 않을 것이라고 생각하는 사람일수록 사실은 변화에 약하기 때문에 주의해야 한다.

2주일 동안 우울한 기분이 계속 이어진다면 의사를 찾아가 상담을 하고 본인 스스로도 의식적으로 기분을 전환하기 위해 노력해야 한다. 가족 역시 그런 의식을 공유하고 서로 마음을 터놓고 대화를 나누어야 한다. 본격적으로 우울증에 빠지면 스스로 의사를 찾아갈 수도 없기 때문이다.

또, 중증으로 접어들기 전에 가벼운 마음으로 몇 군데의 정신과를 찾아가 자신과 대화가 잘 통하는, 신뢰할 수 있는 의사를 정해 두는 것이 좋다. 현대 사회에도 정신과에 가는 데에 주저하는 사람이 꽤 많이 있는데 우선 그런 의식부터 떨쳐 버려야 한다. 감기에 걸리면 의사를 찾아가는 것처럼 가벼운 마음으로 정신과의 문을 두드릴 수 있어야 한다.

여성이 남성보다
장수하는 이유는 따로 있다

인생을 즐기는 능력이 뛰어나면
감정의 노화가 느려진다

감정의 노화를 예방하려면
전두엽의 유연성을 얼마나
유지할 수 있는가가 중요하며,
그 대책은
'쉽게 결정하지 않는 것'이다.
즉, 유연성이란
'한 가지 일에 대해
다양한 대안을 낼 수 있는 것'이라고
바꾸어 말할 수 있다.

갑작스러운 초조감과 분노는
노화의 징조

　요즘의 젊은 사람들은 자기가 원했던 대로 일이 풀리지 않으면 즉시 화를 내거나 초조한 모습을 보여 주위를 불안하게 만든다. 이런 경향을 가리켜 '참을성 없는 젊은이들'이라고 표현하기도 한다.

　하지만 참을성이 없는 것은 젊은 사람들뿐 아니라 중장년이나 노인들에서도 증가하고 있다. 병원 대기실 등에서 기다리다 지쳐서 거친 말투로 불평을 늘어놓는 사람은 대부분 노인들이다. 그런 모습을 볼 때 사소한 문제로 화를 내는 중장년이 증가하고 있다는 느낌이 든다.

　그 이유로는 과거와 비교하여 중장년이나 노인이 존경과 대우를 받지 못한다는 사회적 경향도 관계가 있을 것이다. 어쨌든, "저 사람은 최근 들어 성격이 급해졌어."라거나 "사소한 문제로 화를 내는 경우가 많아."라는 말을 듣는다면 노화가 진행되고 있다는 증거다.

　별것 아닌 사소한 문제로 화를 내는 것은 40대 정도까지는 점차 줄어든다. 사회 경험도 쌓여 이른바 '산전수전 다 겪은 상태'가 되기 때문이다. 그럴 경우 '어른스럽게 대처하는 자신'의 모습이 자기애의 대상이 되기도 하기 때문에 더욱 여유 있고 포용력 있는 동료가 될 수 있다. 여기까지는 성인이 되어 가는 자신의 모습을 즐기는 '성장기'다.

하지만 40대를 넘어 관리직이 몸에 배이면 다시 화를 내는 일이 증가한다.

"부하 직원의 사소한 실수를 용서할 수 없다."

"요즘 젊은 사람들은 존댓말을 사용하는 방법도 모른다."

이런 식으로 하나하나, 모든 것이 짜증의 대상이 된다. 전철 안에서 대하는 낯선 사람의 태도가 건방지다는 이유에서 화를 내고 폭력까지 행사하는 중장년도 늘고 있다.

이것은 감정을 컨트롤할 수 없기 때문에 발생하는 현상이다.

물론 젊은 시절부터 화를 잘 내는 성격에 늘 긴장 상태로 살아온 사람의 경우에는 그것만을 이유로 노화라고 말하기는 어렵지만, 젊은 시절에는 어지간해서 화를 내지 않던 사람이 짜증을 내거나 화를 내는 횟수가 늘어났다면 감정의 노화가 발생하고 있을 확률이 높다.

'EQ=마음의 지능 지수'는
40대에 절정을 맞이한다

초조해서 감정을 통제하지 못하는 사람은 마음의 지능 지수라고 불리는 EQ의 수치가 내려갔다고 생각할 수 있다.

EQ는 IQ로는 측정할 수 없는 새로운 타입의 지능으로, 미국 예일 대학 심리학부의 피터 샐로베이Peter Salovey, 박사와 뉴 햄프셔 대학교 심리학 교수 존 메이어John D. Mayer에 의해 제기된 개념이다. 원래는 '감정 지능Emotional Intelligence'이지만 IQ에 대응하여 EQ로 『TIME』지에 소개된 이후, 그렇게 불리고 있다.

이 개념의 창안자인 두 교수는 EQ의 요소를 다음과 같이 정의한다.

1. 자신의 감정을 이해한다.
2. 자신의 감정을 통제할 수 있다.
3. 자신에게 동기를 부여할 수 있다.
4. 다른 사람의 감정을 인식한다.
5. 인간관계를 원만하게 처리한다.

이른바 '머리가 좋다'고 불리는 사람이라고 해도

여성이 남성보다
장수하는 이유는 따로 있다

이 EQ가 낮으면 배려와 인정이 없는 차가운 사람이라는 취급을 받는다. 다른 사람과의 커뮤니케이션을 부드럽게 유지하지 못하면 원만한 사회생활을 할 수 없다. 주위 사람들도 불쾌하게 생각할 뿐 아니라 본인도 결코 행복하지 않다. 가만히 생각해 보면, 주변에 틀림없이 이런 사람이 있을 것이다.

기존의 IQ는 인간의 지적인 활동에서 감정과 관련된 부분을 제외하고 수치화한 것이다. 하지만 현실적으로는 지적 활동이나 행동은 이른바 희로애락, 놀라움, 두려움, 혐오감 등 감정에 의해 크게 영향을 받는다. 이런 점에서 감정을 제대로 컨트롤하여 다른 사람에게 도움이 되는 것도 지능의 일종이며 중요한 능력이다.

EQ는 인생 경험을 통하여 신장되는 요소이기도 한데 그 절정기는 40대. 이것도 예일 대학과 뉴햄프셔 대학의 연구를 통하여 밝혀졌다.

IQ는 고령자가 되어도 생각만큼 떨어지지 않는다는 사실에 대해서는 1장에서 이미 설명했다. 언어 영역의 IQ와 동작 영역의 IQ로 구분하여 자세히 조사해 보아도 그 능력은 상상 이상으로 잘 유지되고 있었다.

한편, EQ는 40대에 최고의 절정기에 다다르지만 그 이후 그대로 방치해 두면 쇠약해진다.

비즈니스에서 성공하는 비결이 EQ에 있다는 점을 제시하여 세계적인 베스트셀러가 된 『EQ, 마음의 지능지수』를 저술한 사람은 심리학자이며 비즈니스 컨설턴트인 대니얼 골먼Daniel goleman 박사다.

그도 "EQ는 40대까지는 상승한다. 그러나 그 이후에는 그대로 방치할 경우 하락한다."라고 말했다. 40대에 관리직에 오른 이후 차장, 부장으로 단계를 밟아 올라가면서 더욱 중요한 역할을 담당하는 EQ는 왜 40대 이후에 내려가는 것일까?

40대 이후, EQ가 저하되는 이유

40대 이후에 EQ를 방치해 둘 경우에 저하되는 이유는 두 가지가 있다.

하나는 40대부터 전두엽 기능이 쇠약해지기 때문인데, 그와 함께 감정을 통제하는 능력이 저하하는 것이다.

전두엽이 활발하게 활동했던 젊은 시절에는 감정을 통제하기 쉽다. 젊은 시절이라고 해도 정서가 불안정한 사춘기는 별개이지만, 사회인이 되어 상사로부터 꾸지람을 듣거나 이치에 맞지 않는 명령을 듣고 순간적으로 화가 나더라도 감정을 억제할 수 있는 데에는 지위나 입장이 아래에 놓여 있다는 배경뿐 아니라 생리학적인 이유도 있다.

또 하나의 이유는, 장유유서가 중시되는 우리 사회에서는 나이를 먹을수록, 지위가 높을수록 감정을 그대로 드러내도 상대방이 이해해 줄 가능성이 높기 때문이다. EQ가 저하되는 40대 이후일수록 의식적으로 자신의 감정을 컨트롤해야 하는데, 오히려 주위 사람들이 이해해 주기를 바라고 제멋대로 행동하기 때문에 EQ가 더욱 저하되는 것이다.

예를 들어 부하에게 호통을 치는 상사나 반론이나 충고를 허락하지 않는 독단적인 사장은 우리 주위에 얼마든지 존재한다. 이것은 그야말로 '벌거벗은 임금님'과 같은 상태다. 이것은 자신이 하는 일에 반드시 악영향을 미칠 뿐 아니라 '감정의 노화'에 박차를 가하는 행동이기 때문에 반드시 경계해야 한다.

감정을 제대로 컨트롤할 수 없는 것 외에도, 앞에서 설명한 EQ의 구성 요소 중에서 세 번째에 해당하는 '자신에게 동기를 부여한다'는 능력도 40대 이후에는 내려가는 경우가 많다. 40대 후반이 되면 사내에서의 자신의 미래도 어느 정도 예측할 수 있기 때문에 '어떻게든 출세하고 싶다'는 마음은 점차 약화된다. 출세욕이 없더라도 일에 대한 의욕만 왕성하다면 상관없지만 오랜 세월 동안 그 일에 종사하다 보면 일 자체에 질리는 사람도 적지 않다.

가뜩이나 전두엽의 기능 저하에 동반하여 의욕이 쇠약해지기 쉬운 상태이니 회사 내부에서의 그런 상황은 가능하면 마음에 두지 않도록 노력해야 한다. 일이나 회사에서의 인생에 의욕을 잃었으면 취미 생활에 집중해서 살면 되지 않느냐고 말하는 사람도 있을 테지만 현실적인 사회에서는 그런 사람은 거의 없다. 일에 대한 열성이나 의욕을 잃는 것과 동시에 인생 전반에 대한 의욕이 저하하는 경우가 압도적으로 많기 때문이다.

40대 이후에는 '감정의 컨트롤'과 함께 '의욕 저하'에 대해서도 주의하면서 열성을 가지고 진심으로 즐길 수 있는 업무 처리 방식이나 취미를 찾아야 한다.

감정이 노화하기 쉬운 직업들의 공통점

대니얼 골먼 박사의 저서가 히트를 친 이후, EQ는 사원 연수에서 심리 테스트까지 다양한 분야에 도입되었다. EQ를 신장시키는 것은 이게 지식인의 상식이 되었다. EQ는 그대로 방치해 두어도 기업

내부에서의 인간관계를 통하여 어느 정도는 신장되는 측면도 있다. 단, 그것은 '민간 기업'에서의 이야기이고 '공기업'인 경우에는 적용하기 어렵다.

일반적으로 도쿄 대학 졸업자는 오만하다거나 잘난 척을 잘한다는 식으로 평판이 나쁘다. 즉, EQ가 낮다는 이미지가 강하다. 그러나 민간 기업에서 일을 하는 한, EQ는 저절로 상승된다. 만약 EQ가 상승되지 않으면 다른 사람들이 기피하기 때문에 아무리 도쿄 대학을 졸업했다고 해도 출세할 수 없다.

"저 사람, 도쿄 대학을 나왔다는데 인간성이 틀려 먹었어."

이런 평판을 듣는 대상이 되어 버린다.

하지만 관공서에 근무하면 연차가 올라감에 따라 나름대로 출세를 할 수 있다. 더구나 주위의 민간 기업에 종사하는 사람들이 너 나 할 것 없이 머리를 숙이기 때문에 나중에는 그것이 당연한 것처럼 받아들여진다.

나의 동급생 중에 술을 따라줄 때까지 기다리는 사람은 대부분 관공서에 다니는 친구들이다. 고등학교 동창회에서 관료가 된 친구 중에 직접 술을 따라서 마시는 친구는 없다. 단, 선거에 나올 생각이 있는 친구는 별개이지만.

역시 환경이 사람을 만드는 측면이 있다. 따라서

도쿄 대학을 졸업한 것이 나쁜 것이 아니라 다른 사람에게 겸손한 태도를 보이지 않아도 출세를 할 수 있는 관료라는 시스템이 나쁜 것이다.

EQ가 성장할 수 없는 환경에서는 감정을 적절하게 컨트롤할 기회가 거의 없다. 감정을 활용해야 하는 경우도 별로 없기 때문에 노화가 일찍 시작된다. 아무리 관공서에 근무하면서 일반인 위에 군림했다고 해도 은퇴를 하면 단번에 늙어버릴 가능성이 높다.

이처럼 감정이 노화하기 쉬운 직업이 있다. 대학교수도 40~50대에 교수가 되면 정년까지 신분이 보장되기 때문에 그 이상의 지위를 지향하는 사람은 거의 없다. 일본의 대학이 국제적인 학자를 배출하지 못하는 데에는 이런 원인도 있다.

그래도 세칭 이류 대학 교수는 실적을 올리면 도쿄 대학 등 상위권 대학에서 러브콜이 올지도 모른다는 생각에 최선을 다해 노력한다. 그런 관점으로 생각하면, 사실은 도쿄 대학 교수가 가장 노화하기 쉽다고 말할 수 있다. 더 이상 올라갈 곳이 없기 때문에 야심적인 연구를 하는 도쿄 대학 교수도 별로 없다. 도쿄 대학 교수의 명예가 너무 커서 그것을 손에 넣는 순간, 모든 것이 충족되기 때문이다.

의대 교수들 중에는 그런 사람들이 많이 있다.

이 경우는 도쿄 대학으로 한정되지도 않는다. 엄청난 권력을 움켜쥐게 되면서 성장이 멈추어 버리는 것이다. 그렇기 때문에 정년퇴직을 한 뒤에 무의촌에 부임한 한 의대 학장의 이야기가 신문에 게재되기도 한다. 백여 명의 부하를 거느리고 있는 대학교수가 뜻을 잃지 않고 무의촌에 부임한다는 것은 보기 드문 일이기 때문에 뉴스가 된다.

해외로 눈길을 돌리면 교수라는 직함을 사용하면서 그것을 이용하여 어떤 식으로 비즈니스를 전개할 것인지 생각하는 학자들이 많이 있다. 컴퓨터 사이언스나 바이오 분야에서는 창업을 하는 교수가 얼마든지 있고 경영학이나 경제학 등에서도 교수라는 직함을 이용하여 책을 집필하는 사람도 많다. 정치에 대한 영향력을 발휘하거나 강력한 향상심이나 야심을 가진 사람도 있다.

하버드 대학 교수로 재직하면서 미국 경제 학회 회장이나 케네디 정권에서 주 인도 대사 등을 역임한 갤브레이스John Kenneth Galbrath나 90세를 넘어서까지 대학교수로 활약한 드러커Peter Ferdinand Drucker처럼 나이를 먹으면서 문명 비평가로서 명성을 높인 사람도 있다.

관료나 대학교수에 대해 살펴보았는데 감정이 노화하기 쉬운 직업은 그밖에도 또 있다. 학교 교사 등 젊은 시절부터 '선생님'이라는 호칭에 익숙해 있는 사람은 EQ를 높이려는 경험이 적기 때문에 주의해야 한다. 일반 공무원 역시 자발적으로 무엇인가를 하려고 하는 기회나 외부 세계로부터 자극을 받는 일 없이 시간을 보내기 쉽다.

이런 말을 듣고 "그렇지 않다!"라고 반론을 편다면 그래도 마음이 놓이지만, 만약 이 말이 맞다고 생각한다면 오늘부터라도 당장 감정의 노화를 예방하기 위해 노력하자.

과거의 자랑을
늘어놓기 시작했다면 적신호!

옛날이야기를 몇 번이나 되풀이하는 것은 노인들에게 공통되는 이미지다. 중장년의 나이인데도 과거의 이야기만 하는 사람을 가끔 볼 수 있는데 이것 역시 일종의 '노화'를 의미한다.

"옛날에 어떤 상품을 기획했을 때에는 사장님과 직접 담판을 지어서 OK를 받아냈지."

"눈 속에서 영업을 하면서 돌아다녔더니 소매점 주인이 확실하게 믿어주더군."

이런 식으로 자신의 과거 이야기만 늘어놓는 중

장년 직장인이 적지 않다.

하지만 그런 사람들 중에서, "전부터 이것을 잘 했으니 다음에는 이런 식으로 발전시킬 생각이야." 라는 식으로 미래와 연결 지어 이야기하는 사람은 별로 없다. 즉, '과거 지향'일 뿐이며 미래의 이야기 는 하지 않는다.

과거의 영광에 매달린다는 것은 현실 상황에 만 족하지 못한다는 반증이다. 자기 자신의 현실적 상 황에 만족하고 있고 주위 사람들도 인정을 해준다 면 누구나 과거의 자랑 따위에 매달리지 않는다. 현 재의 자신에게 만족하지 못하여 마음이 들기 때문 에 자기는 이런 사람이라는, 자기 자신과 주위 사람 들에 대한 시위 행위로써 자랑을 늘어놓는 것이다.

그러나 이런 사람들은 초조해하는 자신의 모습, 불안감에 휩싸여 자랑을 늘어놓고 있는 자신의 모 습을 깨닫지 못하는 경우가 많다. EQ의 구성 요건 중에서 첫 번째인 '자신의 감정을 이해한다.'라는 점이 결여되어 있는 것이다. 그런 자랑은, 부하 직 원에 대한 귀중한 충고이며 부하 직원도 기뻐할 것 이라고 생각하기 때문에 더 문제다.

과거의 이야기에서 필요한 것은 오히려 실패담 이다. 어떤 상황에서 실패를 했는지, 또 원인은 무 엇인지 이야기하면 젊은 세대에게는 큰 참고가 된다. 그것을 보편화하여 살릴 수 있는 상사라면 존경의 대상이 될 수 있다. 과거 지향의 반대가, 내일은 오늘보다 좋은 날로 만들고 싶다는 '미래 지향'이다.

실패학적으로 말하면, 실패에서 배울 수 있는 사람이 미래지향적인 사람이다. 같은 실패를 두 번 다시 되풀이하지 않도록 실패를 통하여 전향적인 사고를 배우는 것이 중요한데 현실적으로는 실패에 얽매여 고민을 하거나 그와 비슷한 일이 발생하면 자기도 모르게 피해 버리는 사람이 많다.

자기도 모르는 사이에 과거의 자랑을 늘어놓는 사람은 반드시 주의해야 한다. 오해가 없도록 덧붙인다면 과거 이야기를 하는 것이 모두 나쁘다는 의미는 아니다. 회상법이라고 해서 지금까지 걸어온 인생을 카운슬러와 함께 천천히 되돌아보는 고령자용 심리 요법이 있다. 그 결과, 자신을 부정하기 쉬운 노인이 자신의 인생이 얼마나 가치 있는 것이었는지 재발견하고 긍정적 사고를 가지게 되거나 치매 증상이 개선되는 경우도 있다.

단, 회상법도 목적은 현재와 미래에 있다. 현재의 마음과 감정을 긍정적으로 유지해서 미래와 연결 짓기 위해 과거를 회상하는 것이지, 과거에 빠져드는 것이 목적은 아니다.

그런 의미에서 현재, 그리고 미래와 연결 지을

수 있는 무엇인가를 찾기 위해 과거를 회상하는 것
이다.

여유가 있고 안정적인 사람
= EQ가 높은 사람

회사 등의 일터는 인간을 관찰하는 무대로 매우
재미있는 장소다. 목표가 될 수 있는 사람이나 인간
적으로 호감을 가질 수 있는 사람, 함께 일하는 것
은 내키지 않지만 아무리 자주 만나도 질리지 않는
사람, 나아가 반면교사까지 다양한 유형의 인간들
이 존재한다.

사소한 문제로 소동을 잘 피우는 사람이 있는
반면에 어느 정도 문제가 발생하더라도 당황하거나
초조해하지 않고 담담하게 처리하는 사람도 있다.

이런 식으로 감정을 억제하여 여유 있는 모습으
로 안정적인 느낌을 주는 사람은 언뜻 겉늙은 것처
럼 보이지만 사실은 EQ가 매우 높고 감정이 젊은
사람이다.

사태가 변화했을 때에 당황하지 않는 것은 마음
에 융통성이 있다는 증거다. 그리고 이 융통성이야
말로 전두엽 기능의 가장 큰 포인트다. 전두엽이 젊

은 사람은 변화를 고통스럽게 받아들이지 않고 적절하게 대응한다. 즉 1장에서 설명한 감정의 '고집 증'이 없다. 위스콘신 방식 카드 분류 테스트(27페이지)에서 순서가 바뀌었을 때. 즉시 그 사실을 깨닫고 대응할 수 있는 사람이다.

감정의 노화를 예방하려면 전두엽의 유연성을 얼마나 유지할 수 있는가가 중요하며, 그 대책은 '쉽게 결정하지 않는 것'이다. 즉, 유연성이란 '한 가지 일에 대해 다양한 대안을 낼 수 있는 것'이라고 바꾸어 말할 수 있다.

예를 들어 회사에서 지방으로 출장을 가게 되었다고 하자. 일반적으로는 자동차로 이동하거나 특급 열차를 이용하는 방법을 택한다. 이 밖에도 공항에서 비행기를 이용하는 루트나 고속버스를 이용하는 방법도 있다. 다음날이 주말이라면 갈 때와 돌아올 때의 루트를 바꾸어 도중의 주변 지역을 관광하거나 맛있는 음식을 맛볼 수도 있다.

최근에 인기가 있는 관광 열차를 이용하는 방법도 있다.

가장 짧은 거리, 가장 저렴한 비용을 들여 회사에서 루트를 지정해 주는 경우도 있을 테지만, 적어도 처음에 머릿속에 떠오른 루트로 그냥 결정하거나 자기 나름대로 조사나 검토를 전혀 해보지 않은 채 사내에서 다른 사람들이 일반적으로 이용하는 루트를 그대로 받아들인다면 머리는 굳어질 뿐이다.

나이를 먹을수록 자신의 인생 경험이나 성공 체험에 의해 행동 패턴이 굳어진다. 이것도 가능성이 있고 저것도 가능성이 있다는 식으로 생각하여 쉽게 결정을 내리지 않고 다양한 방법을 생각하는 것만으로도 전두엽의 유연성은 상당히 유지될 수 있다.

자기 뜻대로 되지 않으면
초조해지는 사람

일반적으로 여성보다는 남성이 자신감이 지나치기 때문에 행동 패턴이 굳어지기 쉽다. 무슨 일을 하든 자신감 있고 성실했던 사람이 중장년이 되면 일상의 모든 변화를 아무런 생각 없이 받아들이고 마치 호흡을 하는 것처럼 당연하게 여긴다.

구로자와 아키라 감독의 「삶」에서 시무라 다카시라는 배우가 연기한 시청에 근무하는 주인공처럼 평범하고 안온한 생활을 의심 없이 지속하는 것은 거의 예외 없이 남성이다.

출퇴근을 하는 루트도 일정하고 전철 시간이나 올라타는 차량도 일정한 상태로 10년을 하루 같이 보내는 사람도 있다. 시계처럼 변하지 않는 일상도 나름대로 장점이 있다고 생각하지만 전두엽의 젊음을 유지하려면 다양한 변화를 가질 수 있어야 한다.

흔히 들을 수 있는 말이지만, 때로는 한 정거장 앞에서 내려 걸어 보는 것도 좋다. 출퇴근 시간대를 바꾸거나 다른 루트를 돌아보기도 한다. 휴일에 출근을 해야 하는 날에는 자전거를 이용해 본다. 이런 변화만으로도 전두엽은 자극을 받는다.

여성의 경우, 일정한 리듬으로 몇 년을 지속적으로 보내는 경우는 있을 수 없다. 회사에서 퇴근하는 길에 친구와 만나 쇼핑을 가거나 영화를 관람하거나 데이트를 하는 식으로 늘 바쁘다. 결혼을 하면 생활이 급변하기도 하지만, 그것도 어느 정도 안정이 되면 여성들은 변화 없는 일상에 의문을 느낀다.

행동 패턴이 굳어지지 않는 생활을 하면 발상도 유연해지는데, 평소에 가깝게 지내는 사람이 이런 이야기를 들려준 적이 있다.

어느 날 자신이 교제하고 있던 여성의 집에 갔을 때의 일이다. 밤에 그녀가 직접 만들어 주는 요리를 먹고 있는데 갑자기 전등이 꺼졌다. 전기가 나간 것이다. 집 안은 새까맣게 어두워졌고 그 사람은 초조한 마음에 빨리 불을 밝히라고 소리를 질렀다. 그러자 여성이 말했다.

"지금까지 이런 기회가 없어서 예쁜 양초를 사용할 수 없었는데 오늘은 정말 운이 좋은 것 같아요. 촛불이 반짝이는 밤이 되겠네요."

그는 "그렇게 여유 있는 모습을 보고 정말 반해 버렸습니다."라고 말했는데 이런 발상의 전환을 할 수 있다는 것은 두뇌가 유연하고 EQ도 높다는 증거다.

예측하지 못한 사태가 발생했을 때에 즉시 초조해지는 사람은, 어떤 문제가 자신이 상상하고 있던 범위에서 벗어나면 불안감을 느낀다. 자신이 머릿속에 그려 놓은 이미지대로 일이 진행되지 않으면 금세 초조해지는 것이다. 자기 혼자 일을 하는 경우에는 그 초조감이 주위에 파급되지 않지만, 상대가 있을 경우에는 팀 전체에 그 영향이 미치기 때문에 일이 제대로 풀려나갈 수 없다. 예측하지 못한 사태에 대응하는 능력은 직급이 올라갈수록 더욱 강력하게 요구되기 때문에 그런 사태에 대응하지 못하는 사람은 이른바 출세도 하기 어렵다.

자신이 생각한 대로 일이 진행되지 않을 때일수록 걸음을 멈추고 냉정하게 상황을 판단하는 습관을 갖추어야 한다.

주말농장에는 일석사조의 효과가 있다

　내 주위에는 주말농장을 취미로 삼고 있는 직장인이 몇 명 있다. 그들의 이야기를 들어 보면 주말농장은 감정의 노화를 예방하는 데에 매우 적합하다는 사실을 쉽게 이해할 수 있다.

　우선, 태양 아래에서 흙을 만진다는 것 자체가 기분을 좋게 만들어준다. 어린 시절에는 흙탕물에서도 뛰어놀았지만 도시에서 직장인으로 생활하다 보면 그런 기회는 거의 없다. 따라서 흙에 접촉하는 것만으로 마음의 안정과 여유를 느낄 수 있다.

　또, 비록 작은 구역이기는 해도 주말농장에서는 자신이 감독이 되어 매니지먼트를 한다는 기쁨을 맛볼 수 있다. 올해의 봄 채소로는 무엇을 어느 정도나 심을 것인지 생각하고 밭의 설계도를 그리다 보면 가슴이 설레는 흥분을 맛볼 수 있다. 이것은 창조성을 자극하여 감정에 생기를 불어넣어 준다.

　그리고 '농부는 매년 초년생'이라는 말이 있듯, 아무리 농사를 잘 지어도 완벽할 수 없다는 점이 또한 장점이다. 매년, 매일, 날씨가 다르고 흙의 상태도 다르며 구입한 묘목이나 씨앗의 상태도 다르다. 열매가 많이 열릴 때도 있지만 전혀 열리지 않을 때도 있다. 항상 변화를 거듭하는 자연을 상대하는 일에는 지루함이 없다. 정형화할 수 있는 일이 아니기 때문에 실패를 하건 성공을 하건 항상 신선한 기쁨을 맛볼 수 있다.

마지막으로 한마디 덧붙인다면, 주말농장에는 '직함'이 관계가 없다. 대기업의 중역이건 영세 기업의 종업원이건 밭으로 나가면 모두 똑같은 농부다. 거기에는 상하 관계 따위는 존재하지 않는다. 다른 사람의 밭의 작물과 자신의 밭의 작물을 비교하면서 실망을 하는 사람도 있을 수 있지만 취미라는 것의 속성상 쓸데없는 스트레스를 받을 필요는 없다.

주말농장은 모든 것을 혼자 관리한다는 점도 장점이라고 말할 수 있다, 외부인과 함께 관리하다 보면 작물의 종류나 수확 시기 등을 둘러싸고 말다툼을 벌이는 경우가 있다. 하지만 직함을 버리고 혼자 흙과 자연을 상대로 여유 있는 시간을 보내고 수확물을 가족과 친지, 친구들과 나누어 먹다 보면 자유로움 속에서 큰 기쁨을 맛볼 수 있다.

이처럼 주말농장은 그것을 즐길 수 있는 사람에게는 일석 사조, 아니 일석오조의 효과가 있다. 주말농장을 빌리기 힘든 사람은 '베란다 농원'부터 시작해 보는 것도 좋은 방법이다.

남성보다 여성이 장수하는 큰 이유

남성보다 여성이 장수하는 이유로는 몇 가지 설이 있다.

먼저 여성 호르몬이 나쁜 콜레스테롤을 줄여주고 좋은 콜레스테롤을 늘려주며 나트륨의 배설을 촉진하여 혈압을 내려주는 작용을 한다는 점에서 호르몬을 이유로 드는 설이 있다.

또, 여성 쪽이 기초 대사량이 낮기 때문에 세포가 장수한다는 설도 있다. 생명을 유지하는 데에 필요한 기초 대사량이 적을수록 장수하는 경향을 보이는데 쥐보다 코끼리가 오래 사는 이유는 바로 그 때문이다.

한편, 남성은 교감 신경이 우위에 놓여 있어 스트레스를 받기 쉽기 때문에 면역력의 강도에서 차이가 있다는 설도 있다.

어쨌든 생물학적으로 여성 쪽이 남성보다 강한 것은 평균 수명을 비롯한 각종 데이터를 통하여 볼 때 분명한 사실이며 이것은 세계적인 경향이다. 그리고 여성 쪽이 인생을 즐기는 능력이 훨씬 뛰어나다는 것도 틀림없는 사실이다. 인생을 즐기는 능력이 뛰어나 감정이 노화하기 어렵기 때문에 장수를 할 수 있는 것이다.

남성은 근력이 있고 순발력이 뛰어나기는 하지만 생물로서 나약한 존재일 뿐 아니라 감정이 늙기 쉬운 존재다. 마치 정년퇴직을 기다렸다는 듯이 질병에 걸려 쓰러지는 사람도 있다. 감정의 노화가 계기가 되어 몸이 단번에 노화해 버리는 과정에 대해서는 몇 번이나 설명했다.

인생을 즐긴다는 점에서는 '뛰어난 사교 능력'도 들 수 있다. 특히 동성과의 사교 능력에 있어서 남성은 여성을 도저히 따라잡을 수 없다.

여성은 젊은 시절부터 동성 친구끼리 가벼운 마음으로 해외여행을 나간다. 육아에서 해방되는 중년 이후에는 남편이 있건 없건 사이좋은 친구와 함께 여행을 떠난다. 남성끼리 여행을 떠난다고 하면 기껏해야 골프 정도이며 패키기 관광을 즐기는 남성은 거의 없다.

평균 수명과 남편과의 나이 차이를 모두 고려하면, 여성은 남편이 사망한 이후에도 20~30년 동안 혼자 건강하기 사는 경우가 많다. 아내를 먼저 보낸 남편이 의기소침하여 나약해지는 경우가 많다는 점과 비교하면 남편을 먼저 보낸 아내는 대부분 건강하게 살아간다. 이것도 우수한 사교 능력 덕분이다. 여성은 배우자가 사망했다는 고통스러운 상황에 부딪히더라도 감정이 급속도로 가라앉는 경우는 거의 없고 비교적 빠른 시간 안에 건강을 되찾는다.

여성의 경우 남성처럼 사회적 지위나 거기에서 기인하는 묘한 자존심 따위가 없기 때문에 자연스러운 인간관계를 만들기 쉽다고 생각한다. 일반적으로 여성은 회사 이외의 인간관계를 잘 만든다. 이것은 남성이 보고 배워야 할 점이다.

다만 최근에 증가하고 있는 40대 커리어 우먼들은 남성과 마찬가지로 감정이 노화할 가능성이 높기 때문에 주의가 필요하다. 평균적으로 여성 쪽이 건강하다는 것은 확실한 사실이지만 최근 '여성의 우울증'이 증가하고 있기 때문이다.

남성이기 때문에 약하다. 여성이기 때문에 강하다는 이원론이 아니라, 사람은 개인의 성격이나 자신이 놓여 있는 상황에 따라 건강해질 수도 있고 우울해질 수도 있다는 점을 명심하고 부부끼리, 가족끼리 서로를 배려하면서 살아갈 수 있도록 노력해야 한다

여성 보스와 남성 보스의 차이

개인적이건 업무 관계이건, 일반적으로 남성이 인간관계를 넓혀가는 시기는 애정 문제가 활발한

시기와 겹쳐진다.

한편 여성의 경우, 연애를 하는 연령이 지나더라도 동성과 이성을 가리지 않고 연하의 세대로부터 동경을 받는 사람이 많다. 예를 들면, 연예계의 중견 여배우처럼 다양한 사람들을 서로 소개시켜 주는 등 '여성 보스' 같은 입장에서 동경의 대상이 되는 사람이다.

이들은 대모代母, 즉 갓마더godmother와 같은 사람들이다. 남성은 여성을 통하여 위대한 사람을 만나게 되는 경우가 뜻밖으로 많다. 남성 보스, 즉 갓파더godfather가 사람을 소개해 주는 경우에는 대부분 이해관계가 얽히지만 갓마더의 경우에는 직접적인 보답을 바라는 경우가 거의 없다. 그녀들의 입장에서는, 금전적인 이해득실보다는 젊은 사람과 어울릴 수 있다는 것 자체를 좋아하고 사람들을 서로 소개해 주는 것이 즐거울 뿐이다. 갓파더의 경우에서는 있을 수 없는 일이다.

여성 보스라는 표현이 정확하지는 않지만, 사회적 지위가 높았던 남편이 사망한 이후에 세사에 얼굴을 드러내고 활약하는 여성들도 있다. 사토 에이사쿠 전 수상의 아내인 히로코 씨는 미망인이 된 이후에도 적극적으로 매스컴에 등장하여 화제가 되었고, 미키 다케오 전 수상의 아내인 무쓰코는 정치

윤리를 호소한 남편의 뜻을 이어받아 정계에 영향을 끼치고 있다.

이외에도 남편이 활약하던 시기에는 드러내 놓고 활동을 하지 않았지만 남편이 사망한 이후에 남편의 유지를 이어받아 활동하는 여성들이 많이 있다.

그녀들은 남편의 사회적 지위에 의지하여 권력을 위해 군림하려 한 것은 아니다. 또, 거기에서 직접적인 이권을 얻으려 했던 것도 아니다. 그보다는 남편의 유지를 이어받아 활동을 하거나 자신을 흠모하여 모여드는 사람들을 만나는 것으로 자기애를 충족시키고 싶다는 것이 가장 큰 동기였다.

모여든 사람들의 입장에서는 '그녀의 마음에 들면 도움이 될 수 있는 좋은 사람을 소개받을 수 있다.'라는 타산적인 판단도 작용했을 것이다.

이런 갓마더들의 EQ는 당연히 높을 수밖에 없다.

황혼 이혼이 최근 급증하는 이유

정년을 전후하여 이혼하는 부부가 증가하고 있다. 동거 기간이 15년 이상인 중장년 부부의 이혼은 지난 10년 동안에 두 배 이상으로 증가했다. 더구나 그 대부분이 아내로부터 이혼 신청이다.

정년퇴직을 한 이후, 줄곧 남편과 함께 집에 있어야 하는 고통을 견디지 못하는 아내가 증가하고 있기 때문이다. 외출을 하려고 하면 갈 곳 없는 남편이 따라나선다. 아무리 떨쳐내도 떠지려 하지 않는 비에 젖은 낙엽 같은 귀찮은 존재다. 인생의 대부분을 일에만 소비하고 변변한 취미도 없을 뿐 아니라 교양마저 없다. 그러면서도 일했을 때와 마찬가지로 가사에는 전혀 손을 대려 하지 않으니 아내의 불만이 폭발하는 것도 어찌 보면 당연한 현상이다.

젊은 시절에는 자녀가 있었다. 시험 성적 때문에 웃기도 하고 학예회 연극에서의 배역이 나름대로 화제가 되기도 했다. 문제가 있을 때에는 진지하게 고민도 하고 부부가 함께 대화를 통하여 자녀의 진로 문제를 해결하기도 했다. 물론 자녀의 진로 문제 때문에 의견이 대립한 적도 있지만 그래도 살아가는 데에 나름대로 재미가 있었다. 하지만 자녀가 성장하여 부모의 손을 벗어나면서 부부 사이에는 공통된 화제가 사라진다.

중장년이 된 이후부터 새롭게 발생하는 문제는 '부모님 시중'인데 시부모의 시중만을 일방적으로 강요당하는 아내의 불만은 뿌리가 매우 깊다. 공통 화제가 아니라 상반되는 이해관계가 되어 버린다.

취미이건 화제이건, 이러한 현상은 부부가 공통

의 즐거움을 발견할 수 없는 경우에 발생하는 불행한 패턴으로 결코 소수파에 해당하는 이야기가 아니다.

얼마 전에 일본에서는 '황혼 이혼'이라는 드라마가 큰 화제가 되었다. 정년을 맞이하는 날. 아내와 함께 영어 회화 학원에 다니기 위해 남편이 수강 신청을 하면서부터 이야기는 시작된다.

"함께 영어 회화를 공부해서 해외여행을 가자."라고 말하는 남편에게 "그런 식으로 당신 멋대로 결론을 내리는 게 싫다고요."라면서 아내가 화를 낸다. 이제야 아내와 함께 즐거운 시간을 보낼 수 있게 되었다고 생각하는 것은 남편만의 생각일 뿐, 아내는 전혀 다른 생각을 하고 있었다. 현실적으로 발생하고 있는 문제와 부합되는 리얼리티가 있었기 때문에 시청률이 급등했다.

이미 인생을 즐기는 방법을 터득한 아내와, 감정이 노화하여 쉽게 초조해지는 남편의 조합이 문제가 되어 이혼에 이르는 것은 빙산의 일각에 지나지 않는다. 그 뒤편에는, 가정에서 서로 등을 돌린 채 별거와 같은 관계를 유지하는 경우가 훨씬 더 많다.

상대방에게 지나친 기대를
하지 않는 효과

내가 보기에 정년 이후에도 사이좋게 지내는 부부는 두 가지 패턴이 있다.

하나는, 아내가 어머니의 역할, 남편이 자녀의 역할이라는 부모와 자식의 관계처럼 맺어져 있는 '마더 콤플렉스' 타입인 경우, 남편이 모든 것을 의지해도 아내가 그것을 거부하지 않고 오히려 어머니 같은 존재가 되어 따뜻하게 보살펴 주는 경우에는 부부 사이가 좋다. 동양의 경우, 이런 타입이 많은 편인데, 문제는 아내가 "나는 당신의 어머니가 아니에요."라고 등을 돌리는 순간에 모든 것이 끝난다는 점이다.

또 하나는, 아내가 남편을 존경하는 경우다. 영화감독과 여배우 커플처럼, 남편이 은퇴를 하더라도 그 남편의 지성이나 재능을 존경하며 늘 함께 보내려 하는 경우, 또는 학자로서 연구에 몰두하는 남편을 아내가 지원하면서 진심으로 존경하고 있는 경우다.

단, 이 경우에는 정년이 된 이후에도 남편은 '비에 젖은 낙엽' 같은 존재가 되지 않고 아내에 대해 주도권을 여전히 움켜쥐고 있어야 한다는 조건이 있다. 그렇게 하려면 남편은 평생 감정이 노화하지 않도록 끊임없이 공부하고 노력해야 한다.

은퇴한 영화감독이라고 해도 많은 책을 읽고, "최근의 책은 재미가 없어. 영화로 만들 만한 적당한 소재가 아냐."라는 식으로 장래에 대한 의욕을 보여주거나 "이탈리아라도 가볼까?"라는 식으로 말하여 아내가 조용히 고개를 끄덕일 수 있는 새롭고 재미있는 일들을 만들어 낼 수 있다면 양호한 부부 관계를 기대할 수 있다.

하지만 이런 부부 관계는 소수에 지나지 않는다. 연하인 아내가 결혼 초기에는 연상인 남편에게 의지하거나 존경을 하지만 세월이 지나면서 두 사람의 힘 관계가 균형을 이루는 것이 일반적이다.

그런 상황에서 부부 관계를 양호하게 유지하는 비결은 서로 상대방에게 큰 기대를 하지 않는 것이다. 상대방을 바꾸려하거나 더 존경하도록 만든다는 생각은 백해무익이다. 예를 들어, '공통의 취미를 가진다'는 마음에서 지나치게 어떤 취미를 지향하는 것도 바람직하지 않다.

"앞으로는 매년 한 번은 해외 여행을 갑시다."

"일주일에 한 번씩은 꼭 전국의 맛집을 방문해 보기로 합시다."

이런 발상은 당연히 바람직하다. 이것도 두 사람

모두 여행을 좋아하거나 맛있는 음식을 즐길 줄 알아야 한다는 전제 조건이 있다.

문제는 한쪽만 즐겁고 다른 한쪽은 단순히 함께 어울리기만 하는 경우다.

"여행은 준비하는 것이 귀찮아서 가고 싶지 않아요."

"다이어트를 하고 있기 때문에 음식을 먹을 수 없어요."

이런 경우는 뜻밖에 많이 있다.

최근에는 호화 여객선을 이용하여 전 세계를 유람하는 것이 중장년층 여행의 붐을 이루고 있는데 선박 여행이라는, 지금까지와는 달리 부부가 하루 종일 시간을 함께 보내는 여행을 했다가 오히려 이혼에 이르는 정반대의 결과를 낳기도 한다.

여러 가지를 시도해 보고 두 사람이 모두 좋아할 수 있는 대상을 발견한다면 행복하겠지만 그렇지 않다고 해서 무리하거나 실망을 해서는 안 된다. 반드시 부부가 함께 즐길 수 있는 대상을 찾아야 한다는 강박 관념에 사로잡혀서는 안 되는 것이다. 그런 생각은 오히려 초조감과 불만만 가중시킬 뿐이다.

중장년이 되면 아내는 자신의 커뮤니티를 가지게 된다. 남편은 회사가 커뮤니티였기 때문에 정년 퇴직을 한 이후에는 어떤 커뮤니티에서 생활해야 할지 찾아본다. 그때 아내에게 지나치게 의지하지 말고 자신의 커뮤니티는 스스로 준비해야 한다.

"오랜 세월 동안 회사에만 매달리느라 당신 혼자 내버려 두었으니까 앞으로는 당신이 여행을 가건 모임을 가건 항상 함께 다닐게."라는 식으로 말한다고 기분 좋게 받아들일 아내는 거의 없다는 것이다. 오히려 귀찮은 존재로 느끼고, 제발 가만히 좀 내버려 두라고 말할 것이다. 서로 공통된 취미, 공통된 그룹이 있으면 좋겠다는 정도로 생각하는 것이 비결이다.

화를 내는 것이 나쁜 것만은 아니다

반복해서 설명했지만 빠른 사람이라면 40대부터 뇌의 기능, 특히 전두엽의 기능이 쇠약해지기 시작한다. EQ가 저하되어 감정을 컨트롤하기 어렵고 툭 하면 초조해지고 불안해지는 경향이 강해진다. 젊은 시절과 비교할 때, 순간적으로 욱하는 경우가 많아진다면 감정이 노화하고 있다는 경보라고 받아들여야 한다. 자신의 감정이 노화하고 있다는 사실을 이해해야 초조해지거나 불안해질 때 조금 시간을 두고 마음을 가다듬을 수 있다.

그러나 화를 내는 것이 나쁜 것만은 아니다.

이유도 없이 초조해지거나 괜스레 화가 치밀어서 견딜 수 없는 것과는 달리, 분명한 이유가 있어서 화를 내는 것은 건전한 감정이다. 정치에 대해 이의를 제기하거나 반사회적인 행동을 하는 상사나 동료에게 분노하여 내부 고발을 하는 등 분노가 에너지가 되어 건설적인 제안을 하게 되거나 불평불만이 비즈니스의 힌트가 되는 경우도 있다.

즉, 화가 나는 것을 계기로 냉정하게 문제점과 해결책을 찾는 것과 단순히 화가 난다는 이유에서 감정이 흐르는 대로 함부로 행동하는 것은 엄청난 차이가 있다.

화가 난 감정을 가지는 것과 화가 난 감정에 농락당하는 것은 전혀 다르다. 격렬한 감정에 이끌려 함부로 행동하는 것은 젊다기보다는 오히려 미숙한 뇌, 또는 노화하여 기능이 저하한 뇌다.

화가 나서 부하 직원을 야단칠 때 자신이 화를 내고 있다는 사실을 전혀 깨닫지 못하는 상사도 있다. 누가 보아도 자기 자신을 잊고 화를 내는 데에만 집착해 있음에도 "나는 화를 내는 게 아냐. 자네의 장래에 도움이 되는 말을 해주고 싶은 거야."라는 식으로 말한다.

감정이 살아 있다는 것은 결코 나쁜 것이 아니

다. 감정이 사라지면 행동을 하는 에너지가 사라진다. 그러나 EQ의 정의에서도 설명했듯 자신의 감정을 확실하게 알고 있어야 한다.

따라서 화를 내지 않으려고 노력할 것이 아니라 그 감정을 어떤 식으로 표현할지, 대인 관계에 어떻게 사용할지 냉정하게 판단하는 자세가 포인트다.

건강 식품의 상식을 의심하라

"중장년이 된 이후에 육류 섭취를 하지 않았더니 초조하고 불안한 감정을 느끼지 않게 되었다." 이런 말을 하면서 다른 사람에게도 육류 섭취를 줄이라고 권하는 사람이 있는데 이것은 아무런 근거도 없는 이야기다. 초조해지거나 불안감을 컨트롤하기 어려운 상황이 되었을 때에는 오히려 육류를 섭취하는 것이 바람직하다.

감정에 노화의 징후가 나타날 때에는 뇌 내 신경 전달 물질인 세로토닌이 부족할 가능성이 높기 때문이다. 세로토닌의 원료는 단백질에 포함되어 있는 트립토판이라는 아미노산의 일종이기 때문에 육류를 섭취하는 것으로 보충할 수 있다.

젊을 때는 몰라도 나이를 먹을수록 채식 위주의

식사를 하는 것이 좋다는 맹신은 자칫 위험할 수 있다. 못살았던 시절에는 평균 수명이 그리 길지 않았다. 그 이유로는 동물성 단백질이나 지방분의 부족을 꼽을 수 있다. 저단백, 저지방의 영양 상태가 계속 이어지면 감염증에 걸리기 쉽다. 위생 상태가 나빴던 당시에는 문자 그대로 치명적이었던 것이다. 그래서 결핵 등에 걸리면 의사들이 영양가가 높은 음식을 섭취하라고 권했다.

물론, 서양에서는 '육류의 지나친 섭취가 단명의 요인'으로 거론되어 장수 국가인 동양의 채식주의를 본받자는 움직임이 일고 있기는 하다. 그러나 미국인의 경우에는 하루에 약 140그램이나 되는 지방을 섭취한다. 거기에 비하여 우리는 약 60그램이다. 육류에 관해서는 미국이 하루에 약 300그램이고 우리는 80그램 정도다.

또, 총 단백질에서 차지하는 동물성 단백질의 비율도 미국인이 65%인 데에 비하여 우리는 약 50%다. 하지만 이것은 적을수록 좋은 것은 아니다. 이 비율이 매우 낮은 아시아의 개발도상국은 수명이 훨씬 짧다.

육류라는 말을 들으면 즉시 콜레스테롤을 떠올리는 사람이 있다. 그러나 최근의 연구에 의하면 콜레스테롤이 오히려 노화 예방에 도움이 된다는 사실이 판명되었다.

예를 들어, 콜레스테롤은 에스트로겐(여성호르몬)의 원료인데 이 에스트로겐은 골다공증 예방에 효과가 있고 알츠하이머 예방에도 도움이 된다. 여성 쪽이 장수를 하는 이유 중의 하나로 에스트로겐을 들 수 있고 여성이 폐경 이후에 질병에 걸리기 쉬운 이유도 에스트로겐이 감소하기 때문이라고 여겨지고 있다.

사실 콜레스테롤에는 중요한 역할이 있다. 악역만 담당하고 있다고 생각하기 쉽지만 세포막의 원료가 바로 콜레스테롤이다. 따라서 콜레스테롤이 부족하면 세포의 재생이 원활하게 이루어지지 않아 노화를 촉진하는 결과를 낳는다.

젊은 시절부터 콜레스테롤 수치가 매우 높은 경우에는 문제가 되지만 나이가 든 이후라면 크게 걱정할 필요가 없다. 도쿄 고가네이 시에서 실시한 70세 이상 노인의 생존율 추적 조사에서는 콜레스테롤이 약간 높은 그룹(남성 190-219mg/dl, 여성 220-249mg/dl)의 생존곡선이 훨씬 좋았다. 낮은 그룹(남성 169mg/dl 이하, 여성 194mg/dl 이하)의 생존 곡선이 높은 그룹보다 나빴던 것이다.

결론적으로 육류의 지나친 섭취는 바람직하지 않지만 너무 섭취하지 않는 것도 문제가 된다. "채

식주의가 좋다.""나이를 먹으면 생선을 많이 먹어
야 한다." 이런 말만 믿고 편중된 식생활을 하는 태
도가 오히려 위험하다.

기분 전환이
건강을 좌우한다

두뇌가 노화하면 감정이 오랫동안 지속된다

젊은 시절에는
실연을 당하건 이혼을 하건
기회는 얼마든지 있다고 생각한다.
하지만 나이가 들어서
전두엽의 기능이 저하하고
감정이 노화하면,
자기는 더 이상 가능성이 없다는
생각에 의기소침한 상태에 빠진다.

감정 전환이 서투른 사람은
고집증이 발생하고 있다는 의미

회사에서 기분 나쁜 일이 있었다거나 아내와 싸움을 했을 경우, 30분만 지나면 아무 일도 없었다는 듯이 다시 평소의 감정을 회복하는 사람이 있다. 그런 한편으로, 완전히 우울한 상태로 접어들어 며칠 동안이나 그 일에 얽매여 있는 사람도 있다.

부하 직원을 꾸짖을 때에도 한 차례 화를 낸 이후에 "이미 지난 일이니까 어쩔 수 없지. 앞으로 어떻게 할 것인지 생각해 보자고."라면서 어깨를 두드려 주는 사람이 있는가 하면 그 이후에도 계속 그 분노를 가라앉히지 못하고 숨을 몰아쉬는 사람이 있다. 이처럼 감정을 전환하는 속도는 사람에 따라 크게 다르다.

중장년이 되어 우울한 상태가 오랫동안 지속된다거나, 한 번 화가 나면 쉽게 가라앉지 않는다면 감정의 노화가 시작되었을 가능성이 높다. 1장에서 설명했듯 전두엽의 기능이 저하하면 감정 전환이 어려워지기 때문이다. 정도의 차이는 있지만 일종의 '고집증'이 발생하고 있는 것이다.

감정 전환이 서투르다는 느낌이 들면 행동을 하는 사이사이에 다른 일을 끼워 넣는 습관을 들이도록 해야 한다. 어떤 행동을 하는 사이에 다른 일을 끼워 넣는 것으로 잠깐 동안 한숨을 돌리는 것이다. 자기 자신만의 의식 같은 것이어도 상관 없다.

예를 들어 화가 났을 때, 1~2분 정도는 자신의 감정을 안정시키기 위한 인터벌을 가진다거나 화장실에 다녀오는 것이다. 회의를 하는 도중에 빠져 나와 담배를 한 대 피우는 것도 효과적인 방법이다.

평소에 어떤 행동을 하는 사이에 끼워 넣을 수 있는 또 다른 행동을 정해두면 그 행동을 하는 동안에 감정을 전환시킬 수도 있다. 회사에서의 문제가 집에 돌아온 이후에도 머릿속에서 떠나지 않는 사람이라면 일에 지쳤을 때에 들를 수 있는 카페나 술집 등을 정해 둔다. 기분이 가라앉았다는 느낌이 들 때에는 헬스클럽이나 마사지 숍 등에서 기분 전환을 하는 것도 효과적인 방법이다.

맛있는 음식을 먹으러 가는 것도 좋고 술을 한 잔 걸치는 것도 좋다. 중요한 점은, 기분이 가라앉는다거나 분노가 치밀어 오를 때에 기분 전환을 할 수 있는 다른 행동을 취하는 태도다.

편한 대화 상대가 없으면 화가 쌓인다

그래도 기분이 전환되지 않을 때에 효과적인 방법이 있다. 불평불만을 마음대로 늘어놓을 수 있는 사람을 한 명이라도 만들어 두는 것이다. 친구, 연인, 배우자 등 어떤 내용이든 마음 놓고 이야기할 수 있는 사람과 함께 있으면 마음이 든든하다. 우울하거나 화가 치밀어 올랐을 때의 감정을 받아줄 수 있는 사람이 있는가, 그렇지 않은가 하는 것은 감정을 컨트롤하는 데에 큰 차이가 되어 나타난다.

불평불만은 끌어안고 있지 말고 의식적으로 털어 버리기 위해 노력해야 한다. 상대가 누구이건 중요하지 않다. 이쪽의 불평불만을 받아줄 수 있는 사람이면 된다.

함부로 자립을 내세워 무엇이든 혼자 힘으로 해결하려 하다 보면 오히려 자기는 자립할 수 없는 한심한 인간이라는 새로운 고민에 봉착한다. 누군가에게 의지하고 싶을 때에는 마음 놓고 의지하는 것이 좋다. 그렇게 하는 쪽이 '성숙한 존재'로 거듭날 수 있는 계기가 된다.

화가 나지만 이야기를 들어줄 사람이 아무도 없기 때문에 주변에 있는 가장 나약한 대상에게 화풀이를 하게 되는 것이다.

기분 전환이 건강을 좌우한다

의대의 경우, 성격이 급하고 감정 제어를 잘 못하는 교수는 제자인 의사들에게 화풀이를 하는 경우가 많다.

"너 같은 녀석은 절대로 안돼."

"대체 몇 년 동안 의사 생활을 했는데 아직도 이따위야!"

이런 식으로 매도를 하기도 한다. 그리고 그런식으로 화풀이 대상이 된 의사들은 환자들에게 화풀이를 한다. 쓸데없이 환자에게 짜증을 내거나 거만한 태도를 보이는 식으로 자신의 존재성을 확인하는 한편, 분노를 해소하려 하는 것이다. 그 때문에, 나약한 대상을 향하여 우울한 기분을 풀어 버리는 전혀 바람직하지 않은 구조가 형성되어 버린다.

그런 결과를 낳기 전에 서로 불평불만을 마음놓고 털어 놓을 수 있는 상대를 한 명이라도 확보해 두어야 한다.

반성을 해도 과거는 바뀌지 않는다

누구나 기분이 우울할 때가 있다. 이것은 인간으로서 당연한 현상이다.

문제는 부정적이고 소극적인 사고방식에 젖어 있

으면 감정 통제에 영향이 미친다는 것이다. 이것이 우울한 기분에 시작되는 '마이너스의 악순환'이다.

기분이 우울해지면 자신의 결점만 눈에 들어온다.

"나는 정말로 영업 능력이 없어. 이 나이가 되어서도 처음 만나는 사람과 이야기하는 게 자신이 없어. 이번 주에도 결국 한 건도 계약을 성사시키지 못했어."

"연락을 잘못해서 거래처 사장을 화나게 만들었어. 전화를 하려고 했는데 오후 회의가 길어지는 바람에 깜박해 버렸으니… 메모를 해두려 했지만 그것도 잊어버렸어. 갈수록 건망증이 심해지는 것 같아."

"오늘은 반드시 보고서를 쓸 생각이었는데 결국 또 끝내지 못했어. 왜 이렇게 집중력이 없을까. 정말 한심해."

이런 식으로 자기 자신을 반성하는 방향으로만 가기 쉽다.

우울한 상태에서 이런저런 생각을 하면 사고는 더욱 나쁜 방향으로 흘러간다. 우울할 때에 그 기분이 오랫동안 이어지는 이유는 비관적인 생각만 떠오르기 때문이다. 일단 나쁜 생각이 떠오르면 계속 그쪽으로만 사고가 흘러가는 것이다.

이것을 '인지認知가 감정에 지배를 당한다.'라고

표현하는 데 우울할 때에는 비관적인 일만 생각하게 되고 모든 것이 비관적으로 비쳐진다. 이것은 우울증의 전형적인 증상이다.

또 우울할 때에는 생각이 과거에 얽매이기 쉽다.

"그렇다면 어떻게 해야 좋을까?"

이런 식으로 현재와 미래를 어떻게 바꿀 것인지 생각해 보는 태도는 바람직하지만 이제 와서 돌이킬 수도 없는 과거에만 얽매여 있어서는 아무 것도 얻을 것이 없다.

"나는 왜 부장이 되지 못했을까?"

"나는 왜 그 회사를 그만두었을까?"

"나는 왜 이혼을 당했을까?"

이렇게 지나간 일을 애걸복걸해 보아야 도움이 될 것은 전혀 없다. 결국은 "나는 어차피 안 돼."라는 자기 비하로 결론이 내려질 뿐이다. 이것은 최고의 악순환이다.

우울할 때의 사고는 아무래도 내향적이고 비관적인 방향으로 흘러간다. 그리고 필요 이상으로 자신에게 엄격해지기 쉽다. 그렇기 때문에 기분이 가라앉아 있을 때에는 절대로 반성하지 않겠다고 미리 마음을 잡아 두어야 한다. 컨디션이 좋을 때, 기분이 좋을 때에는 자기반성이 필요하지만 기분이 가라앉아 있을 때, '마이너스의 악순환'에 빠져 있을 때에는 그런 반성은 할 필요가 없다.

그것은 타오르는 불길을 끄기 위해 기름을 끼얹는 것과 같은 행위라는 사실을 명심해 두자.

할 수 없었던 일이 아니라
할 수 있었던 일에 눈길을 돌려라

기분이 가라앉아 있을 때에는 '막연한 불안'에 휩싸이기 쉽다. 그 결과 '아무것도 할 수 없다. → 자기 자신이 더욱 혐오스러워진다. → 기분이 더욱 가라앉는다.'라는 악순환에 빠진다.

이처럼 결코 득이 되지 않는 불안감이 느껴질 때에는 눈앞의 문제를 처리하거나 기분을 고양시킬 수 있는 일을 하는 등 긍정적 기분을 느낄 수 있는 일을 해야 한다. 이것은 불안 신경증에 대한 모리타 요법이다(모리타 요법에 관해서는 6장에서 자세히 설명하기로 한다).

따라서 기분이 우울할 때에는 회사 일이건 집안 일이건 간단히 처리할 수 있는 일을 하고 새로운 일이나 어려운 일, 힘든 일은 뒤로 미룬다. 그렇게 해서 '나는 할 수 있다', '나는 능력이 있다'는 사실을 재인식한다.

구체적으로는 방 한쪽 구석에 쌓여 있는 영수증을 처리하거나 자신에게 호의적인 반응을 보이는 거래처를 방문하는 식으로, 사소한 일이라도 상관없으니까 확실하게 처리할 수 있는 일을 하는 것이다. 휴일이라면 화분의 꽃을 손질하거나 자동차를 세차하는 것도 좋은 방법이다. 집안 청소를 하는 것도 좋다.

그리고 하루가 끝났을 때에는 '할 수 없었던 일'이 아니라 '할 수 있었던 일'을 생각하고, 기분이 아무리 우울해도 이 정도의 일을 할 수 있었다는 식으로 스스로를 인정한다.

나쁜 쪽으로만 흘러가는 사고를 멈추는 방법

인지 요법에서는 기분이 우울하고 부정적인 쪽으로만 흘러가는, 이른바 사고의 악순환을 차단하는 방법이 있다. 기분이 부정적인 쪽으로만 흘러가도록 유도하는 사고를 심리학 용어로 '자동 사고'라고 부르는데 이것을 차단하기 위해서는 그 이외의 가능성을 글로 적어 보는 방법이 있다.

'자동 사고'의 한 예를 들면, 기분이 우울할 때에

위장 상태가 나빠지면 암이 틀림없다고 믿어 버리는 경우다. 그렇게 믿어 버리면 나쁜 것만 눈에 들어온다.

집안에 암 환자가 있으면 그런 부정적인 사고는 더욱 확신에 가까운 쪽으로 흘러가, "이 증상을 보면 틀림없이 암이야."라는 식으로 자신의 증상에 딱 맞아떨어지는 느낌이 든다.

바로 이런 '자동 사고'에서 벗어나기 위해 다른 가능성을 글로 적어보는 것이다. 의학 사전을 조사해 보면 비슷한 자각 증상으로 위궤양, 신경성 위염 등이 있다는 사실을 발견할 수 있다. 그 내용을 자신의 손으로 직접 써보게 되면, 자신의 증상은 다른 질병에도 적용할 수 있다는 사실을 알 수 있다. 그 결과, 암일 가능성이 100%는 아니라는 사실을 깨닫는다.

암 이외의 가능성도 있다는 생각을 하게 되면 단순한 위염일지도 모른다는 낙관적인 가능성도 나온다. 이렇게 해서 '자동 사고'의 악순환이 끊어지고 우울 상태에서 조금씩 빠져나올 수 있다.

머릿속으로 생각하는 내용을 글로 적어보는 행위, 문장으로 만들어 그것을 읽는 행위는 이른바 객관적 사고를 하는 데 효과가 매우 크다.

일기이건 무엇이건 상관없다. 일단 '글로 적어보

기분 전환이 건강을 좌우한다

는 것'이 포인트다. 그 내용은 부정적인 사고에 대한 또 다른 가능성이다. 매일 쓰는 것이 귀찮다면 견딜 수 없을 정도로 우울할 때, 화가 날 때에만 써 보면 된다.

예전과 달리 인터넷을 사용할 수 있는 현대 사회는 자신의 심정을 표현할 수 있는 도구가 많이 있다. 최근 '마음이 맞는 친구들의 폭을 넓힌다'는 이유에서 각광을 받고 있는 소셜 네트워크 서비스SNS가 대표적인 도구다.

이것은 새로운 친구 관계를 넓히기 위한 목적으로 만들어진 웹사이트에 친구만이 열람할 수 있는 일기, 친구 등록용 주소록, 게시판, 달력 등 친구를 만들기 위한 도구들이 갖추어져 있기 때문에 블로그와는 다르다. 현실에서의 친구 관계를 기본으로 멤버들이 서로 다른 친구를 소개해 준다는 데에 특징이 있기 때문에 공통의 취미를 가진 친구를 찾기 쉽다. 고민 상담도 할 수 있고 그 신뢰감은 매우 높다.

친구의 친구의 친구……. 이런 식으로 여섯 명의 연쇄 고리를 개입시키면 전 세계의 모든 사람들과 친구가 될 수 있다는, 미국의 사회학자가 제기한 이론이 있는데 SNS는 이것을 가시화하는 서비스다.

이런 사이트에 접속해서 자신의 마음을 털어놓으면 다른 사람의 조언도 들을 수 있다. 글을 쓰는 행위를 통하여 객관화할 수 있다는 것 외에도 무엇이든 상담할 수 있는 친구를 만날 수 있다는 장점도 있다. 잘만 사용하면 우울한 기분에서 벗어나는 가장 강력한 도구가 될 가능성이 있다.

버티기보다는 선잠이 중요하다

육체 피로도 초조와 우울의 커다란 요인이다.

인간은 너무 지치면 우울해지기 쉽다. 과로 때문에 뇌나 심장에 질환이 발생하여 죽음에 이르는 과로사보다, 과로가 원인이 되어 자살을 하는 사람이 훨씬 많다.

"이렇게 열심히 일을 하는데도 가능성이 없어. 나는 안돼."

이런 식으로 '마이너스의 악순환'이 거듭되면 성실하고 책임감이 강한 사람일수록 자살에 이르는 경우가 많다.

설사 자살까지 이르지 않는다고 해도, '피로'와 '감정'은 밀접한 관계에 놓여 있다. 인간의 감정은 컨디션이나 면역 기능에 큰 영향을 끼친다. 평소에 매우 강해 보였던 사람이 질병에 걸리는 순간 나약해지는 모습은 흔히 볼 수 있다.

입원했을 때에 헌신적인 간호를 해준 간호사를 사랑하게 되거나 감기에 걸려 누워 있을 때에 친절하게 대해 준 여자 친구(혹은 남자 친구)와 결혼했다는 이야기는 얼마든지 있다.

30~40대의 나이에 열심히 일하면서 결코 결혼 따위는 하고 싶지 않다고 생각했던 사람이 감기에 걸리자 갑자기 불안과 고독을 느끼고 결혼을 결심하기도 한다. 요즘에는 커리어 우먼이 많은데 이들 역시 이런 일을 계기로 결혼하고 싶은 생각이 든다고 말하는 경우도 많다.

즉, 피로가 쌓이고 지쳐 있을 때에는 마음도 가라앉는다. 그렇기 때문에 '마이너스의 악순환'에 빠지기 쉬운 것이다. 감정의 통제가 나쁜 방향으로 흐르면서 초조해지는 것 역시 피로와 관계가 깊다.

따라서 초조감이나 피로가 느껴질 때에는 의식적으로 휴식을 취하는 것이 현명한 태도다. 육체적인 피로의 경우, 하루 정도 푹 쉬는 것만으로 컨디션을 완전히 회복할 수 있다. 더구나 중장년이 되면 뇌도 노화 현상을 보인다. 육체가 지치기 쉬운 것과 마찬가지로 뇌 역시 휴식을 취하고 싶어 한다.

20분 정도 낮잠을 자면 육체와 뇌가 모두 상쾌해진다. 따라서 졸릴 때에는 참지 말고 낮잠이라도 자서 컨디션을 회복하는 것이 바람직하고 효율성도 좋다.

나는 습관적으로 '낮잠과 저녁잠'을 즐긴다. 점심 식사를 한 이후나 저녁 식사를 한 이후에 의식적으로 20~30분 정도 잠을 잔다. 식후에는 소화 때문에 위장으로 혈액이 모여 졸음이 느껴지는데 그 졸음을 무리해서 참는 것보다는 그대로 받아들여 '선잠'이라도 자는 것이 그 후의 능률을 향상시켜 줄 뿐 아니라 그 때까지 초조했던 마음도 깨끗하게 해소해 준다.

회사에서도 30분 낮잠을 즐길 수 있는 커피숍이나 공원 등을 알아두면 좋다. 낮잠을 잘 수 없다면 의자에 기대어 몇 분 동안 눈을 붙이는 것만으로도 뇌의 피로는 상당히 회복된다.

현대인에게 수면 장애가
증가하고 있는 원인

휴일을 보내는 방법에도 비결이 필요하다.

현대인이 느끼는 피로는 과거와 많은 차이가 있다. 물론 직종에 따라 다르기는 하지만 땀을 흘리고 근육을 혹사해서 발생하는 피로보다 하루 종일 컴퓨터 앞에 앉아 있거나 연속되는 회의 등에 의해 발생하는 피로가 문제인 경우가 더 많다. 몸을 움직인 다고 해도(영업을 위해 돌아다니는 경우도 있겠지만) 대부분은 출퇴근을 할 때에 계단을 오르내리는 정도다.

그나마도 과거와 비교하면 교통수단이 매우 편리해졌기 때문에 도저히 운동이라고 표현할 수 없을 뿐 아니라 전화, 이메일, SNS 등 통신 기기의 발달에 의해 단순한 육체노동은 과거와 비교하면 엄청나게 줄어들었다. 그 때문에 어깨 결림, 요통 등이 급증하고 있다. 최근에 마사지 숍이 증가하고 있는 것도 같은 맥락이다. 거기에 더하여 현대인 중에는 만성적인 수면 부족에 빠져 있는 사람도 많이 있다. '어깨 결림, 요통, 수면 장애'는 이게 현대인의 3대 만성 질병이라고 부를 수 있을 정도로 현대인은 늘 지쳐 있다.

피로 회복에 가장 좋은 방법은 충분한 수면이다. 하지만 쉽게 잠들지 못하고 잠을 잔다고 해도 숙면을 취하지 못하는 수면 장애에 시달리는 사람이 많다.

최근에는 수면 장애를 전문으로 취급하는 병원도 증가하고 있으니 숙면을 취하지 못해서 고민하는 사람들은 병원을 찾아가 보는 것이 좋다, 비만 등의 원인에 의해 수면시 호흡 증후군에 걸렸다는 사실을 알고 심각해지기 전에 치료하게 되는 경우도 있다.

나는 가벼운 수면 장애를 유발하는 가장 큰 원인은 '뇌와 육체의 불균형'에 있다고 생각한다. 우리가 건강하게 뛰어 놀았던 어린 시절을 떠올려 보자. 여름 방학 등 아침부터 저녁까지 정신없이 뛰어 놀다가 밤에는 쓰러지자마자 잠이 들었을 것이다.

하지만 성인이 된 이후, 하루 종일 컴퓨터 앞에 앉아 '몸'은 전혀 움직이지 않고 '뇌'만 혹사시키는 사람이 많다. 뇌는 과열 직전까지 완전히 지쳐 버리고 눈도 바늘로 찌르는 것처럼 따갑지만 막상 잠을 자려고 하면 뇌가 각성해 있어서 좀처럼 잠이 오지 않는 경험은 누구나 한두 번은 겪어 보았을 것이다.

이런 현상을 해소하려면 머리와 마찬가지로 몸도 움직여서 지치게 해야 한다. 운동은 무엇보다 좋은 보약이다. 가벼운 보행이건 풀장에서의 수영이건, 또는 스트레칭이건, 자기가 좋아하는 운동을 하는 것이 중요하다. 마음에 들지 않는 운동은 오랫동안 지속할 수 없기 때문이다.

시간이 없어서 체육관에 다닐 여유가 없는 사람은 일주일에 몇 번 정도는 한 정거장 앞에서 내려 집까지 걷는다거나 자전거를 이용해서 출퇴근한다는 식으로 일상생활 속에 운동을 도입하는 습관을 들이면 된다. 주부인 경우에는 쇼핑을 갈 때 도보와 자전거를 번갈아 이용하는 것도 좋은 방법이다.

몸을 움직이는 효용은 절대로 무시하면 안 된다. 뇌와 육체가 불균형을 유지하기 쉬운 현대 사회에서는 의식적으로 몸을 움직이는 습관을 들이도록 노력해야 한다.

두뇌가 노화하면
감정이 오랫동안 지속된다

의사로서 많은 고령자들을 상대해 온 내 임상 경험으로 보더라도 나이를 먹을수록 감정 전환은 어려워진다. 불안감에 휩싸여 아무 것도 손대지 못하는 것은 젊은 시절의 이야기이고 나이를 먹으면 정신적으로 안정이 되기 때문에 불안감 따위는 얼마든지 떨쳐버릴 수 있다고 말하지만, 이것은 터무니없는 거짓말이다.

오히려 고령자일수록 일단 악순환에 빠지면 질병에 대한 불안이나 죽음에 대한 불안이 더욱 강해진다. 이것 역시 전두엽의 기능이 악화되기 때문에 발생하는 현상이다. 두뇌가 한 번 노화해 버리면 한 가지 생각에만 몰두하기 쉽기 때문에 감정을 전환하기는 더욱 어려워진다. 앞에서 설명했듯 인지 認知

가 바뀌면 비관적인 일만 생각하게 되고 다른 가능성을 생각할 수 없게 된다.

실연을 당하거나 이혼을 하면, 두 번 다시 사랑은 하지 않겠다거나 두 번 다시 결혼은 하지 않겠다는 식으로 극단적인 생각을 한다. 또, 명예퇴직을 당한다거나 좌천을 당하게 되었을 때에는 두 번 다시 원래의 상태로 돌아갈 수 없다는 감정에 빠져서 자기는 쓸모없는 인간이라는 자책감에 사로잡힌다.

그런 바람직하지 못한 상황에 놓이는 경우, 나이를 먹은 사람이라면 풍부한 경험이 있기 때문에 쉽게 벗어날 수 있을 것처럼 느껴지지만 실제로는 그 반대인 경우가 많다. 젊은 시절에는 실연을 당하건 이혼을 하건 기회는 얼마든지 있다고 생각할 수 있고 명예퇴직이나 좌천을 당해도 다른 직장을 찾아보면 된다.

하지만 나이가 들어서 전두엽의 기능이 저하하고 감정이 노화하면, 자기는 더 이상 가능성이 없다는 생각이 들어 의기소침한 상태에 빠진다. 그 결과 계속 나쁜 쪽으로만 생각이 간다.

이런 경우에 누군가가 '다른 가능성'을 지적해주면 매우 효과적이다. 그래서 마음 놓고 불평을 늘어놓을 수 있는 존재는 정말 중요하다.

"내 주위에는 이혼한 덕분에 새로운 반려자를

만나 행복해진 사람이 몇 명이나 있습니다." "좌천이라고 해도 예전과 달리 정시에 퇴근할 수 있으니까 남는 시간에 이런 일을 해보면 어떻습니까?" "전직도 좋지만 이런 방법으로 창업을 한 사람이 있는데 어떻게 생각하십니까?"

이런 방식으로 외부에서 본 객관적인 의견이나 뜻밖의 아이디어를 들으면 '마이너스의 악순환'에 빠지기 전에 새로운 의욕을 가질 수 있다. "그래. 그런 가능성도 있었구나."

또 다른 가능성을 생각하게 되면 고통은 상당히 경감된다. 그러나 우울한 기분이 심해지면 다른 사람의 낙관적인 견해에도 전혀 귀를 기울이지 않게 된다. 이처럼 가라앉은 기분이 2주일 이상 지속될 때에는 앞에서 설명한 것처럼 즉시 의사를 찾아가 보는 것이 바람직하다.

일단 감정이 나쁜 방향으로 완전히 접어든 이후에는 친구나 배우자의 말에는 귀를 기울일 수 없는 상황에 놓이기 때문이다.

우울증에는 약이 있으니까 그것을 복용하고 어느 정도 감정이 회복된 이후에 다른 사람의 충고를 듣는 것이 좋다. 치료를 하지 않고 다시 긍정적인 방향으로 돌아가는 경우는 거의 없다. 나쁜 감정에 하여 있을 때에는 주변의 격려나 위로가 오히려 역

효과를 낳기도 한다.

"나는 최선을 다해 노력하고 싶지만 의욕이 일지 않아."

이런 식으로 초조감까지 더해져서 증상이 더욱 악화되기 때문이다.

나이를 먹어도
기억력은 좋아질 수 있다

나이를 먹어서 기억력이 감소하는 것은
뇌가 위축되기 때문이다

"감정은 기쁨이나 슬픔이니까
기억과는 아무런 상관이 없다."
이렇게 생각한다면 오산이다.
'감정의 노화'는 기억력 저하의
커다란 원인 중의
하나이기 때문이다.

기억에는 두 가지 종류가 있다

거리에서 우연히 아는 사람을 만났을 때 얼굴은 기억이 나지만 이름이 기억나지 않는 경우에는 '기억력이 떨어졌다'거나 '이제 나이를 먹었다'는 생각에 실망하게 된다.

"아, 오랜만이야. 어때? 잘 지내?"

일단 인사를 하고 이야기를 나누는 동안에 기억이 나거나, 그 당시에는 기억이 나지 않았지만 나중에 전혀 다른 상황에서 갑자기 이름이 떠오르기도 한다. 그런 경우에 혹시 치매의 전조 증상이 아닐까 하는 생각에 걱정하는 사람이 있지만 이 정도로 그런 걱정을 할 필요는 없다.

안경을 놓아둔 장소를 자주 잊어버리거나 아내의 생년월일을 기억하지 못하는 현상도 생리적 노화일 뿐 치매는 아니다. 안경이 무엇 때문에 존재하는 것인지, 눈앞에 있는 아내가 누구인지 전혀 이해하지 못하는 상태가 치매다.

나이를 먹어서 기억력이 감소하는 것은 생리적으로 위축되기 때문에 발생하는 현상이다. 그 결과 새로운 사건을 기억하는 능력(기명력記銘力이라고 함)이나 기억한 사실을 유지하는 기억력이 저하한다.

기억을 담당하는 것은 해마이지만 그 이전에 시

작되는 전두엽의 위축이 기억력의 저하와 큰 관계가 있다.

"감정은 기쁨이나 슬픔이니까 기억과는 상관이 없다."

이렇게 생각한다면 오산이다. '감정의 노화'는 기억력 저하의 커다란 원인 중의 하나이기 때문이다.

기억력에는 '의미 기억'과 '에피소드 기억' 두 종류가 있다.

'의미 기억'이란 암기형 기억을 가리키는 것으로 단어나 연도를 외우거나 스쳐지나간 자동차의 번호를 기억하는 것이다. 이것은 나이를 먹을수록 확실하게 쇠퇴한다. 갓난아기를 보면 알 수 있는데, 갓난아기는 부모의 말을 이해하여 논리적으로 기억하는 것이 아니라 단순히 언어를 기억할 뿐이다. 어린 시절에는 대부분 '의미 기억'을 하며 젊은 나이에는 암기에 능하다. 그렇기 때문에 30대만 되더라도 단순한 암기력에 있어서는 10대 수험생을 따라잡을 수 없다.

최근에는 여기저기에서 비밀번호를 요구한다. 보안 때문에 다른 곳에 적어두기도 어려운데 바로 이런 무의미한 문자의 나열이 중장년을 고통스럽게 만든다. 게다가 가끔씩 바꾸어 주어야 더 안전하다고 하니까 고령화가 진행되고 있는 요즘 시대에 고령자들은 더욱 고통에 빠질 수밖에 없다.

한편 '에피소드 기억'이란 체험과 관련이 있는 기억이다. 예를 들면, '저 음식점은 서비스가 엉망이다.'라거나 '그 클럽에 갔는데 추녀들만 있었다.'라는 기억은 절대로 잊지 않는다. 단어나 연도, 또는 비밀번호는 쉽게 외우지 못하는 나이라고 해도 감정이 관련된 기억은 확실하게 기억하는 것이다. 나이를 먹어도 에피소드 기억은 쇠퇴하지 않는다.

한편 이 에피소드 기억은 당시 체험을 했을 때에 감정이 어느 정도나 흔들렸는가 하는 것에 따라 그 강도가 결정된다. 그런 체험이 당연시되어 아무런 감동을 느끼지 않았다면 에피소드 기억으로 머릿속에 각인되기는 어렵다.

젊은 시절이라면 음식점에 갔다가 서비스가 형편없거나 가격이 터무니없이 비싸면 분노를 느끼고 두 번 다시 그 음식점에는 가지 않는다. 하지만 경제적으로 여유가 생기고 경비 지출에도 여유가 생기면 '어쩔 수 없지, 뭐.'라는 식으로 생각하여 감정적으로 크게 흔들리지 않는다. 따라서 기억에 확실하게 각인되지 않기 때문에 그 음식점을 다시 찾아가게 되는 경우가 많다.

또 신입 사원 시절에는 약간만 손해를 보거나 이익을 보더라도 그것이 커다란 에피소드가 된다.

업무 때문에 꾸중이나 칭찬을 들으면 새로운 경험이기 때문에 감정이 크게 흔들리고 그것은 확실하게 기억에 남는다. 하지만 경험이 늘면서 어느 정도 꾸중을 듣더라도 감정적으로 크게 흔들리지 않기 때문에 에피소드 기억으로 남기 어렵다.

에피소드 기억 자체는 나이를 먹어도 쇠약해지지 않음에도 불구하고, 감정이 노화함으로써 자신의 에피소드로 인식이 되지 않는 것이다. 이렇게 해서 의미 기억의 측면이건 에피소드 기억의 측면이건 기억력은 갈수록 떨어지는 결과를 낳는다.

무슨 일이든 에피소드화하여 기억한다

'노인의 지혜'라는 말이 있듯, 노인에게는 현자의 이미지도 있다. 그러나 감정과 기억이라는 관점에서 보는 한, 체험을 통해서 배우는 경우는 나이를 먹을수록 점차 줄어든다. 실패를 한 체험이건 성공을 한 체험이건 기억해 두지 않으면 같은 실수를 되풀이하게 된다.

노인이 아니더라도 중장년에 이르면 벌써 이런 문제가 발생한다. 업무상에서 같은 실수를 되풀이하는 것은 체험적으로 기억하고 있지 않기 때문이다. 즉, 서비스가 엉망인 음식점을 또 찾아가게 되는 이유와 본질적으로 비슷하다. 과거의 실패와 같은 전철을 밟는다면 부하 직원들도 신뢰를 하지 않을 것이다.

문제는 어떻게 해야 머릿속에 확실하게 각인시킬 수 있는가이다. 앞에서 이야기한 것처럼 에피소드 기억은 나이를 먹더라도 쇠약해지지 않기 때문에 무슨 일이든 에피소드화해야 할 필요가 있다.

예를 들어 실패했던 체험을 교훈으로 삼으려면 아무리 사소한 실수였다고 해도 과장하여 사태를 상상하는 것이다.

"운 좋게 해결되기는 했지만 하마터면 명퇴를 당할 뻔했어."

"최악의 경우에는 회사에 엄청난 손해를 끼칠 뻔했어."

이런 식으로, 머릿속에 깊이 각인될 수 있는 방향으로 받아들이는 것이다.

일상생활에서는 자동차 운전을 예로 들 수 있다. 교차로에서 비보호 좌회전을 하는 경우, 직진을 하는 자동차에만 신경이 빼앗겨 있다가 순간적으로 좌회전을 할 때 도로를 건너고 있는 보행자나 자전거와 충돌을 할 뻔한 위험한 상황에 놓이는 경우가 있다. 그런 상황에서 "정말 운이 좋았어. 하마터면

큰일 날 뻔했어."라고 생각함으로써 좌회전을 할 때에 확인해야 할 포인트가 머릿속에 강렬하게 각인된다. 바꾸어 말하면, 이런 형태로 두뇌에 각인되지 않았기 때문에 결국은 아찔한 사고를 일으키게 되는 것이다.

즉, 사소한 사건을 '화가 난다'거나 '무섭다'는 식의 감정적인 에피소드로 포착해야 한다. 서비스가 엉망인 음식점이라면 바쁜 시간이니 그럴 수도 있다는 식으로 받아들일 것이 아니라 "내가 공짜로 얻어먹는 것도 아니고 왜 이런 대접을 받아야 하는 거야!"라는 식으로 분노를 포함하여 받아들이면 간단히 잊어버리지 않는다.

중장년인 경우, 감정이 둔화될 뿐 아니라 사물에 대한 허용 범위가 넓어지기 때문에 에피소드가 되기 어렵다. 따라서 의식적으로 행동하지 않으면 기억력도 쇠퇴한다.

그러나 이 방법을 실천하려면 자신의 감정을 잘 알고 있어야 한다. 침울한 상태에서는 에피소드화가 도움이 되지 않기 때문이다. 침울한 상태에서는 실수를 기억하는 것뿐 아니라 "역시 나는 안돼."라는 식으로 자책을 하여 더욱 침울해져 버리는 '마이너스의 악순환'에 빠지고 만다. 그런 점에서 보더라도 감정이 쇠퇴해진 이후에는 대책을 세우기 어렵다.

TV 시청이나 독서를 통해
기억력을 단련하는 방법

'의미 기억'과 '에피소드 기억' 이론은 공부를 하는 경우에도 적용할 수 있다. 젊은 시절에는 '의미 기억'도 확실하게 기억으로 남을 뿐 아니라 '에피소드 기억' 역시 활발하게 머릿속에 각인된다.

"그렇구나, 알았어!" 이런 식으로 경험이 재미있기 때문에 기억에 확실하게 남는다. 대학생이나 사회인이 되어도 젊고 경험이 적을 때에는 '이해하는 경험'이 풍부하다.

컴퓨터의 구조이건 주식 시장 등의 경제와 관련된 공부이건 감동을 수반하여 이해한다. 업무에서도 마찬가지로 "그래, 이렇게 해야 하는 거야."라는 식으로 문득 시야가 열리는 순간이 있다. 이처럼 '이해하는 경험'이 에피소드화 된다.

하지만 나이를 먹으면 그런 감동이 점차 옅어진다. 책에 참신한 내용이나 몰랐던 내용이 씌어 있어도 특별히 감동을 받지 않는다. 그렇기 때문에 어떤 책을 읽어도 그 내용이 거의 기억이 나지 않는다고 말하는 중장년도 많다. 소설 같은 경우는, 어느 정도 시간이 지나면 섬세한 부분을 잊어버린다고 해도 다시 읽어 보는 재미를 느낄 수 있지만 전문 서적은 그 내용을 확실하게 파악해야 한다. 하지만 중장년이 책을 읽을 때에는 무리를 해서라도 에피소드화 하지 않으면 기억에 남기기 어렵다.

에피소드 기억을 하는 독서 방법 중 하나로, 반론을 세우면서 읽는 방법이 있다. 풍부한 인생 경험이 있기 때문에 가능한 방법이다. 즉, 아무리 유명한 저자가 쓴 책이라고 해도 자신의 체험에 비추어 보고 "무슨 소리야. 꼭 그런 것은 아니지."라는 식으로 반론을 펴는 것이다.

저자의 판단이나 주장을 곧이곧대로 받아들이는 것이 아니라 어떻게든 나름대로의 가치 판단을 하면서 읽어 나가면 읽는 재미도 증가할 뿐 아니라 기억에도 확실하게 남는다.

"경기 회복과 구조 개혁을 이끌어 내려면 자유로운 경쟁을 통하여 기업을 활성화해야 할 필요가 있다." 이런 주장에 대해서는 다음과 같이 반론을 편다.

"현실적으로 최저 생계비 이하의 급료를 받는 사람들도 있는데 무슨 소리야."

이런 반론은 풍부한 경험이 있기 때문에 가능하다.

얼굴을 마주보고 반론을 펴는 것이 아니기 때문에 논거나 데이터 등의 세밀한 문제에는 신경을 쓸 필요가 전혀 없다. 단순히 수긍만 하면서 읽으면 쉽게 잊어버릴 수 있는 내용도 이런 방법을 이용하면 뜻밖에 강렬한 기억으로 남길 수 있다.

텔레비전도 마찬가지다. 텔레비전의 경우에는 에피소드로 만들면서까지 기억을 해야 할 내용은 많지 않다. 하지만 화면이나 화제가 모두 이해하기 쉽기 때문에 아무런 생각 없이 보고만 있어도 모든 것을 이해할 수 있을 것처럼 느껴지는 것이 텔레비전 시청의 특성이다. '수동적'으로 '곧이곧대로' 받아들이는 텔레비전 시청의 특성은 뇌를 무료하게 만든다.

중장년 이상의 나이가 되면, 주변이 너무 조용하면 불안감이 느껴지는지 특별히 시청할 내용도 없는데 텔레비전을 켜놓고 있는 사람도 많다. 이런 경우 아무 생각 없이 화면만 바라보는 것보다는 "무슨 소리야, 말도 안돼." "그건 아니지. 이러이러한 일도 있는데……."라는 식으로 항상 반론을 펴는 습관을 들이면 그 내용을 쉽게 기억할 수 있고 감정의 노화를 예방하는 데에도 도움이 된다. 바꾸어 말하면, 텔레비전에서 방영되는 내용을 곧이곧대로 받아들이는 것은 감정의 노화를 촉진시키는 최악의 생활 습관이다.

나이를 먹어도
기억력은 좋아질 수 있다

입력, 저장, 출력 기억의 3단계

기억에는 '입력·저장·출력'의 3단계가 있다. 각 단계를 따라 기억의 구조에 대해 설명해 보자.

입력이란 머리에 각인시키는 단계고, 여기에서의 기본적인 포인트는 '이해'와 '주의'다. 즉 이해할 수 있는 일은 기억할 수 있지만 이해할 수 없는 일은 기억할 수 없다. 무의미한 패스워드를 기억하기 어려운 이유는 그 때문이다.

또, 감정의 노화가 발생했을 때 가장 먼저 영향을 받는 것이 '주의'다.

주의력이 떨어져 산만해지기 때문에 책을 읽어도 건성으로 읽는다. 노인이 우울증에 걸리면 기억력이 떨어지는데 우울하거나 불안할 때에는 글을 읽고 있어도 내용이 머릿속에 들어오지 않고 어떤 말을 들어도 역시 그 내용이 각인되지 않는다. 그렇기 때문에 조금 전에 들은 말도 쉽게 잊어버린다. 마음이 안정되어 있지 않을 때에는, 깜박하고 메모를 해 두지 않는 것처럼 어떤 내용도 잘 남지 않는다.

이것은 결코 기억력이 나빠진 것이 아니다. 단순히 '주의력' 수준이 떨어졌을 뿐이다. 감정이 노화되거나 둔화되면 상사가 어떤 지시를 내려도 특별하게 생각하지 않는다. 지시 내용을 들으려 하는 주의 수준이 높아지지 않기 때문이다.

이럴 때에는 늘 똑같은 말이라고 흘려듣지 말고 어제와의 차이는 무엇인지 찾아보는 노력을 해야 한다. 상사를 상대하면서 책이나 텔레비전처럼 무조건적 반론을 펼 수도 없으니까 반드시 무엇인가 질문을 한다거나 확인하는 식으로 '주의'의 수준을 높여야 한다.

주의에는 관심과 집중의 두 요소가 있다

자기가 좋아하는 일이나 흥미를 느끼는 일은 나이를 먹어도 기억할 수 있다. '관심'이 있는 대상에 대해서는 '주의'의 수준이 올라가기 때문이다. 예를 들어 중장년부터 와인에 관심을 가진 사람이라면 와인에 관해서만큼은 확실하게 기억할 수 있다. 다른 것은 즉시 잊어버리는 사람이라고 해도 자기가 관심을 가지고 있는 와인에 대해서만큼은 강렬한 흥미를 느낄 수 있기 때문이다.

새로운 것을 쉽게 기억하지 못하는 사람도 축구에 관해서는 월드컵을 보면서 어떤 선수가 어느 나라의 어떤 팀에 소속되어 있으며 어디에서 이적해 왔는지까지 정확하게 설명하기도 한다. 여행을 좋

151

나이를 먹어도
기억력은 좋아질 수 있다

아한다면 지명이나 역 이름, 연결 노선 등 나이를 먹은 뒤에도 놀라울 정도로 정확하게 기억할 수 있다.

즉, 자기가 관심을 가지고 있는 대상은 쉽게 기억할 수 있는 것이다. 그러나 일반적으로 감정이 노화하면 관심 영역도 좁아지고 관심의 강도도 저하된다. 더구나 한 가지 일에 '집중'할 수 없게 된다.

나이를 먹으면 '주의'의 요소인 '관심'과 '집중'이 모두 약해지는 것이다.

그러나 입력의 또 하나의 조건인 '이해'의 수준은 나이를 먹어도 저하되지 않는다. 인생 경험이 풍부해지기 때문에 이해력 자체는 오히려 더욱 양호해진다.

그래도 현실적으로는 새로운 대상을 공부하고 이해하기는 어렵다.

"금융에 대해서는 자세히 알고 있지만 컴퓨터에 대해서는 전혀 몰라. 그러니까 공부를 좀 하자."

"지금까지 광고 영업만 담당해 왔는데 마케팅도 공부해야겠어."

이런 생각으로 공부를 해보지만 생각한 것만큼 쉽게 이해할 수 없다. 그래서 어정쩡한 이해로 끝나게 되는 경우가 많다.

이 원인도 사실은 '감정의 노화'에 있다. 인생 경험이 방해가 되거나 자존심에 얽매이기 때문이다.

즉, '이런 것은 이미 알고 있다.'라는 식으로 대충 훑어보기 때문에 문제다.

또 하나, 자존심을 내세워 지나치게 어려운 책에 손을 대거나 모르는 문제에 대해 다른 사람에게 물어보는 것을 기피한다. 나이를 먹을수록 수치심을 느끼고 싶어 하지 않기 때문이다. 젊은 시절이라면 모르는 것이 당연하다는 마음에서 다른 사람에게 물어보는 데에 거부감을 느끼지 않지만, 나이를 먹은 뒤에는 그것이 앤지 모르게 창피하고 수치스럽게 느껴진다.

입문서나 초보 수준의 책을 구입하는 것은 자존심이 상한다는 식의 허영 때문에 어려운 전문 서적을 읽는다. '왕초보도 알 수 있는……', '초등학생도 이해할 수 있는……' 등의 입문서를 구입하는 것이 창피하기 때문에 어려운 책을 구입하고 결국은 그 내용을 제대로 이해하지 못한 채 책을 접는다.

감정이 노화하면 좀 더 보수적으로 변하기 때문에 자존심은 더욱 강해진다. 이해력은 있지만 그런 쓸데없는 자존심과 허영이 이해를 방해하는 것이다.

따라서 아무런 의미도 없는 그런 자존심은 접어 두고 초보부터 시작한다는 겸허하고 솔직한 자세를 갖추어야 한다.

나이를 먹어도
기억력은 좋아질 수 있다

지위를 이용한 학습 방법

어느 정도 지위가 올라가면 자존심을 내세워 다른 사람에게 질문을 하지 않으려는 사람이 많은데, 사실은 회사건 관청이건 출세를 해서 지위가 올라갈수록 마음만 먹으면 다른 사람에게 배우기가 더 쉬워진다. 즉, 지위가 올라갈수록 머리를 숙일 때 그 가치가 더 올라가는 것이다. 말단 사원이 머리를 숙인다고 크게 기뻐할 사람은 없지만 지위가 높은 사람이 머리를 숙일 경우에는 누구나 당황하고 감동한다. 자기애를 충족시켜 주기 때문이다. 하지만 이런 행동을 실천하는 사람은 거의 없다.

이 책을 읽는 독자 여러분의 지위가 어느 정도 수준을 넘어섰다면 그 지위를 철저하게 이용해야 한다. 지위를 이용하여 머리를 숙이는 것으로 효율성 있는 공부를 할 수 있기 때문이다.

지위를 이용한다고 하면, 거드름을 피우거나 잘난 체를 하는 것이라고 생각하는 사람이 있는데 여기에서의 '이용'은 그런 의미가 아니다.

"나는 최신 디지털기기 활용을 잘 못해서 걱정이야. 디지털 기기 활용에 대해서는 자네가 최고라고 하던데 좀 가르쳐 주겠나?"

높은 지위에 있는 사람으로부터 이런 말을 듣는

다면 누구나 감격해서 "어떻게 가르쳐야 기대에 부응할 수 있을까?" 하고 진지하게 생각할 것이다.

머리를 숙이는 가치는 지위가 높을수록 올라간다. 따라서 지위가 높을수록 더 잘 가르쳐 줄 수 있는 실력자를 선택할 수 있고 그만큼 더 많은 양질의 정보를 얻을 수 있다. 그렇기 때문에 지위가 있는 사람은 머리를 숙일수록 현명해지고 위대해진다.

지위가 있는 사람으로부터 "부탁한다."라는 말을 들으면 어떻게든 최선을 다해 상대방의 요구를 충족시켜 주려고 노력하는 것이 인간의 심리다. 그것을 제대로 이용하여 이해하는 수준을 높이자.

복습과 전달로 기억력을 향상시킨다

기억의 두 번째 단계인 '저장'은 일정한 시기까지 필요한 것을 기억해 두는 것이다.

수험 공부를 하는 경우라면 시험 당일까지 기억해 둔다. 사회인이라면 업무와 관련된 기억을 좀 더 오랜 기간 저장해 두어야 한다.

인간이 새로운 것을 기억할 때, 일시적으로 보존되는 장소가 뇌의 해마이다. 해마는 그 정보 안에서 필요하다고 판단이 내려지는 부분을 '측두엽'으로 전사轉寫하고 그 정보는 장기간의 기억으로 남는다. 그다지 중요하지 않다고 판단한 정보는 해마가 방출해 버린다.

'에피소드 기억'의 경우에는 곧장 측두엽으로 가서 보존되는 경우도 있지만 단순한 '의미 기억'인 경우에는 이런 메커니즘이 작용한다.

그렇다면 해마는 무엇을 기준으로 필요한 정보와 그렇지 않은 정보를 구분하는 것일까? 이것은 매우 기계적이고 단순한 작업이다. 한 달 정도의 기간 동안에 두 차례 이상 같은 정보가 입력되면 필요한 정보라고 판단한다. 한편 한 번 입력된 이후에 더 이상 입력이 되지 않으면 중요한 정보가 아니라고 판단해 지워 버린다.

그렇기 때문에 저장을 잘 하려면 '복습'을 해야 한다. 한 달 안에 복습하여 측두엽으로 전사시키는 것이다. 그런데 이 복습이라는 작업은, 젊은 시절에는 자연스럽게 이루어지지만 나이를 먹으면 귀찮고 성가시게 느껴진다.

기억해 두고 싶은 책은 한 달 안에 두 번 이상 읽는다. 중요하고 필요한 부분은 다시 한 번 읽어 보는 약간의 복습만으로도 기억력은 매우 좋아진다. 간단한 일이지만 대부분은 귀찮고 바쁘다는 핑계(물론 이것도 감정의 노화다)를 앞세워 복습을 하지 않는다.

젊고 기억력이 좋은 수험생이라도 세계사 교과서를 한 번 읽는 것만으로 그 내용을 모두 기억할 수는 없다. 젊은 사람들도 이렇게 열심히 복습을 하는데 나이를 먹어서 뇌의 기능이 떨어진 중장년이 복습을 하지 않는다면 당연히 그 내용을 기억하기 어려울 수밖에 없다.

복습을 습관화하려면 '전달'을 이용하는 방법도 있다. 책이나 잡지에서 읽거나 텔레비전을 통해서 알게 된 내용이나 재미있었던 일들을 다른 사람에게 들려주는 것이다. 상대는 누구라도 상관없다. 중요한 것은 누군가에게 그 내용을 전달하는 것이다. 이렇게 말로 표현하면 기억이 정착된다.

예를 들어 역사와 관련된 다큐멘터리를 보고 그 내용을 아내나 동료에게 얘기해 주면 프로그램의 내용이 에피소드 기억으로 강력하게 남는다.

'전달'이라고 하지만 쉬운 일이 아니다. 일단 내용을 정확하게 이해하지 못하면 당연히 다른 사람에게 옮길 수 없다. 게다가 책에 씌어 있는 대로, 또는 텔레비전에서 본 대로 옮길 수는 없는 일이기 때문에 나름대로 이해하고 재구성을 하면서 이야기해야 한다.

이것은 가장 간단한 복습법이다. 다른 사람에게

나이를 먹어도
기억력은 좋아질 수 있다

이야기하다가 자신의 이해나 기억에 문제가 있다면 다시 한 번 책이나 영상 매체를 통해서 정확하게 이해하려고 노력한다. 이렇게 하면 한 달 안에 복습을 하는 효과가 있기 때문에 에피소드 기억으로 머릿속에 남게 된다.

상대에 따라서는 자기도 이미 봐서 알고 있다며 시시하게 받아들이는 사람도 있을 수 있다. 하기만 그런 반응에는 신경을 쓸 필요가 없다. 다른 사람에게 이야기하면 그만이다. 또, 같은 사랑을 상대로 똑같은 이야기를 되풀이하면 안 되니까 가능하면 많은 사람들에게 전달할 수 있도록 노력하는 것이 좋다.

이야기를 재미있게 옮기려면 나름대로 기술이 필요하다. 재미를 주기 위해 신경을 써야 하고 신경을 쓰는 과정에서 집중력이 향상되어 감정의 노화가 예방될 뿐 아니라 사람들에게 인정을 받음으로써 자기애를 충족시킬 수 있다. 그야말로 일석이조의 효과를 거둘 수 있다.

이야기를 한다는 것은 기억의 제3단계인 출력의 트레이닝이기도 하다. 중장년이 되면 다른 사람의 이름이 기억나지 않거나 분명히 기억을 했는데도 떠올릴 수 없는 현상이 발생하는데 이것은 출력 기능이 쇠약해졌기 때문이다. 출력 기능을 향상시키려면 실제로 출력을 해보아야 한다. 필요할 때에 필요한 내용을 이끌어 내는 연습이 필요한 것이다.

수험생이라면 기억한 내용을 문제집이나 모의시험 등을 이용해 출력해 볼 수 있지만 사회인이 되면 그런 기회가 거의 없다. 이야기를 옮기는 것은 문제집을 통하여 복습을 하는 행위에 해당한다. 다른 사람에게 이야기해 보는 것으로 어렴풋했던 기억이 선명해지고, 재미있게 이야기를 하는 능력도 향상된다. 즉, 최고의 출력 트레이닝인 셈이다.

감정의 노화는 기억의 각 단계에서 발생하고 있는 노화 현상을 촉진하는 방향으로 움직인다. 그것을 이해하고 대책을 세우지 않으면 고생에 비해 효과를 거두기 어렵다. 기억의 단계나 프로세스를 이해한 상태에서 복습을 습관화하는 트레이닝을 해보자.

뇌를 자극하는 도박과
뇌를 의존하게 만드는 도박

사람은 반사회적 행동을 할 때 감정이 고양된다. 역설적이게도 도덕적으로 비난을 받을 수 있는 행위는 감정 노화를 예방하는 데 효과적이다.

나이를 먹어도
기억력은 좋아질 수 있다

반사회적, 반도덕적 행위가 감정의 노화를 예방하는 이유는, 나이를 먹을수록 강력한 자극이 필요하기 때문이다. 나이를 먹으면 두뇌의 노화와 인생 경험 때문에 약한 자극에는 반응을 보이기 어렵다.

일에서 경험을 쌓으면 어느 정도 결과를 예측할 수 있어서 실수를 하는 경우가 적지만 재미 역시 그만큼 줄어든다. 깊이 없는 TV 드라마 같은 경우에는 앞으로 전개될 스토리나 대사를 충분히 예상해버려 시시하게 느껴진다. 결과를 쉽게 예측하게 되면 자극이 없을 뿐 아니라 흥미나 관심도 가질 수 없다.

도박은 그에 대치되는 행위다. 항상 예상을 뒤엎는 불확실성이 넘치기 때문에 강력한 자극을 준다. 감정에 직접 작용하여 젊음을 되찾게 하는 요소가 있다.

경마장에 모이는 중장년은 겉으로 보기에 분명한 아저씨이지만 말의 혈통이나 전적에 대해서는 놀라울 정도의 기억력을 발휘하는 사람이 적지 않다.

경륜 팬은 더하다. 어떤 경륜 선수에게서 들은 이야기인데, 경륜 팬은 경마 팬보다 연령층이 더 높지만 어떤 선수가 어느 레이스에서 어떤 전개를 보였는지, 그리고 그 선수의 앞뒤에는 누가 있었는지 정확하게 기억하는 사람이 적지 않다고 한다.

골프 선수는 '몇 년 전의 몇 번 홀에서 몇 타 만에 어떤 결과를 낳았다.' 하는 것까지 분명하게 기억하는 경우도 있다. 바둑 프로는 경기가 끝나면 수백 수나 되는 경기를 처음부터 끝까지 재현할 수 있다. 즉, 사람은 관심이 있는 대상에 대해서는 엄청난 기억력을 발휘한다.

감정 노화가 기억력에도 강한 영향을 준다는 사실은 앞에서도 설명했다. 도박의 자극은 분명히 기억력이나 감정의 노화 예방에 일정한 효과가 있다.

바둑, 장기, 카드게임 같은 승부도 감정의 노화를 예방해 준다. 게임에서 질 경우에는 감정이 강한 자극을 받아서 어떻게든 다음에는 이기기 위해 연습을 한다. 이런 연습이 의욕을 낳고 의욕은 두뇌 회전을 촉진시킨다.

특히 자신이 있는 승부일수록 자기애도 충족시켜 준다. 이길 수 있는 승부를 하면 감정의 노화를 예방한다는 의미에서도 마음이 든든하다.

그러나 자극이 강할 경우에는 거기에 빠질 가능성이 있다는 점을 잊지 말아야 한다. 이른바 도박 의존증이다. 특히 큰 이익을 올리는 쾌감을 맛볼 수 있는 카지노 같은 장소는 절대로 가지 말아야 한다.

현실적으로 도박에 빠져서 생활이 파탄에 이른 사람은 많이 있다. 나는 감정적인 의욕을 이끌어 내

나이를 먹어도
기억력은 좋아질 수 있다

어 뇌의 노화를 예방하기 위해 게임을 선택할 수도 있다고 말하는 것이지, 결코 도박을 권장하는 것이 아니다.

같은 게임이라고 해도 장기나 바둑처럼 건전하면서도 두뇌 회전이 필요한 게임은 얼마든지 있다.

존경받는 노인이
될 수 있으면 노후가 즐겁다

나이를 먹어도 다른 사람들로부터 존경을 받거나 필요한 존재라는 인정을 받는 것은 매우 중요한 일이다. 자기애를 충족시켜 주는, 자신감과 에너지의 원천이 되기 때문이다.

그렇게 되려면 젊은 사람에 대해 나름대로 내세울 수 있는 것, 말하자면 일종의 세일즈 포인트를 가지고 있어야 한다. 하지만 일반적으로는 노인이 체력이나 용모로 승부를 걸 수는 없다. 젊은 사람에게 이길 수 있는 것이 있다면 돈, 지식, 인생 경험이다.

지금 기업에 근무하고 있는 사람이라면 '돈'으로는 지지 않을 가능성이 높다. 특히 자녀가 출가한 이후라면 자유롭게 사용할 수 있는 돈이 증가한다. 연금 제도나 연공서열에 의한 급료나 퇴직금 등이 붕괴되고 변화하고 있다고 하지만 현재 50대 이상이라면 그런 변화는 거의 문제가 되지 않는다. 창업을 해서 큰 돈을 모으는 것은 확률적으로 어려운 일이겠지만 노후를 보내는 데에 불안하지 않을 수준의 돈은 있으니까 젊은 세대로부터 부러움을 살 수 있다.

젊은 사람과 다른 현명함이나 지식은 당연히 나이 든 사람이 유리하다. 기본적인 언어 구사 방법이나 한자를 읽고 쓰는 것 하나만으로도 요즘의 젊은 사람에 비하면 압도적으로 우위에 있다. 이런 지식을 활용하면 남녀를 가리지 않고 존경을 받을 수 있다.

나이 먹은 사람의 경험을 듣고 싶어 하는 수요는 절대적이다. 영화 「스타워즈」에 등장하는 요다 정도는 아니라고 해도 나이를 먹었기 때문에 가지고 있는 지혜는 얼마든지 있다.

또, '인생 경험'을 바탕으로 다른 사람의 상담 상대가 되어 주는 것으로 존경받는 노인이 될 수도 있다. 다만 현실적으로는 나이를 먹었다고 해서 누구나 상담을 해 줄 수 있는 것은 아니다. 젊은 시절부터 상담에 응해 본 경력이 있는 사람이어야 가능한 일이다.

어쨌든 이 세 가지 중에서 어느 하나라도 갖추고 있지 않은 경우에는 소외당하는 노인, 방해만 되는 노인이 되어 버릴 가능성이 높다.

▷ 나는 돈으로 승부할 수 있다.
▷ 나는 지식으로 승부할 수 있다.
▷ 나는 포용력과 상담 능력으로 승부할 수 있다.

이 세 가지 중에서 적어도 어느 것 한 가지는 확보해야 한다. 돈은 많은 사람도 있고 부족한 사람도 있다. 상담 상대 역시 그것이 가능한 사람이 있고 그렇지 못한 사람도 있다. 하지만 지식은 노력하기에 따라 얼마든지 갖출 수 있고 당연히 갖추어야 한다.

나이를 먹으면 식욕과 성욕도 떨어지고 모든 일에 흥미를 잃기 쉽다. 그러나 그런 상황에 놓이더라도 '현명해지고 싶다'거나 '현명한 사람으로 보이고 싶다'는 욕망은 유지해야 한다.

나이를 먹으면 누구나 질병에 대한 공포나 죽음에 대한 공포를 느낀다. 게다가 치매에 대한 공포 역시 강화되기 때문에 퀴즈나 퍼즐을 이용하여 트레이닝을 하기도 한다. 물론 이것은 바람직한 행동이다. 다만 이런 트레이닝을 통해서는 노화를 예방할 수는 있어도 젊은 세대로부터 존경을 받을 수는 없다.

"DS 트레이닝을 해보았더니 나의 뇌 연령은 24

세야."

이런 말을 한다고 젊은 사람들이 존경하지는 않는다. 뇌 연령의 숫자가 젊다고 존경을 받는 노인이 되는 것은 아니다. 나이를 먹어서 사회나 다른 사람으로부터 필요한 존재가 되지 못한다는 것은 불행이다.

"저 사람은 역사만큼은 최고야."

"저 사람은 와인에 대해서는 모르는 게 없어."

"썩어도 준치라는 말이 있는데 역시 대단해. 금융 관련 이야기라면 저 사람에게 물어보아야 해."

이런 평판을 들을 수 있는, 젊은 사람들에게 존경받을 수 있는 노인이 된다면 노후는 즐겁게 보낼 수 있다. 그런 인생을 보내기 위해서라도 젊은 사람에게 뒤지지 않는 자신 있는 분야를 한 가지 발견하고, 아무리 나이를 먹어도 최선을 다해 공부를 한다는 지식욕을 유지해야 한다.

나이를 먹어도
기억력은 좋아질 수 있다

혹하는 뇌는
나이를 먹지 않는다

전두엽은 줄어들어도 자극받은 세포는
왕성하게 활동한다

풍부한 정보를 마음대로
사용할 수 있는 사람은
좌뇌가 단련된,
지식이 있는 사람뿐이다.
따라서 접속만 하는 것으로
끝나는 사람과
지식이 있는 사람의 격차는
더욱 벌어질 수밖에 없다.

정치가는 왜 늙지 않을까?

　　전에 어떤 병원에 근무했을 때에 80대 현역 정치가가 찾아 왔다. 그는 활동적인 리더로서 젊은 정치가들로부터도 존경을 받고 있는 사람이었다.

　　그 사람의 뇌 사진을 촬영해 보았더니 정치가로서 제대로 활동할 수 있을지 의문이 느껴질 정도로 전두엽이 줄어든 상태였다. 그럼에도 불구하고 그 사람은 정력적으로 활동하고 있었다. 정치 세계는 조금이라도 건강이 불안하다는 소문이 퍼지면 주위 사람들이 모두 떠나버린다고 한다. 하지만 그 정치가는 의욕 저하나 감정 전환의 어려움 등 전두엽의 쇠약함을 나타내는 행동은 전혀 보이지 않았고 리더십을 발휘하면서 구심점으로서의 위치를 유지하고 있었다. 이때 전두엽이 위축된다고 해서 사용할 수 없게 되는 것은 아니라는 강한 인상을 받았다.

　　대체적으로 볼 때 정치가는 일반인들보다 젊다. 70세를 넘어서도 정력적으로 활동하는 사람은 얼마든지 있다. 우스운 말이지만 정치 세계에서는 '40~50대는 애송이'라고 불릴 정도다.

　　그들이 이렇게 젊은 이유는 다른 사람 앞에서 연설을 하고 선거를 치르고 지지 단체나 선거구의 바람을 듣고 지시를 내리는 한편으로, 의욕과 배려와 비전을 가지고 일을 해야 한다는 활동성이 전두엽을 강하게 자극하기 때문이다. 편향적 성향을 보이는 정치가라고 해도 인생 그 자체는 승부의 연속이다.

따라서 전두엽을 활발하게 사용함으로써 그것이 어느 정도 위축이 되더라도 남아 있는 세포는 건강하게 유지된다. 사용을 하지 않으면 위축된 만큼 기능이 떨어지는 것이 당연하지만 지속적으로 사용하기 때문에 그 기능이 유지된다.

인간은 뇌의 1%밖에 그 능력을 사용하지 않는다는 설도 있다. 99%는 사용하지 않는 장기라는 말이니까 어느 정도 줄어들거나 위축된다고 해서 큰 문제는 되지 않을지도 모른다.

요컨대 신경 세포가 줄어드는 것보다 남아 있는 세포를 얼마나 지속적으로 사용하는가, 그리고 얼마나 활발하게 활동하도록 만드는가가 더 중요하다.

정년이 없는 사람이
건강하게 장수하는 이유

전두엽을 사용하는 기회는 직업에 따라 상당히 차이가 있을 것이다.

정치가뿐 아니라 예술가도 '두뇌가 유연하다'는 말을 듣는다. 같은 일을 되풀이할 수 없기 때문에 유연한 사고와 감정 전환, 새로운 대상에 대한 의욕 등 전두엽의 기능을 풀가동하게 된다. 실제로 화가나 오케스트라의 지휘자들 중에는 장수를 하는 사람들이 많이 있다.

내가 과거에 근무했던 한 병원의 원장은 오랜 임상 경험을 통해 두뇌가 퇴화하지 않는 직업으로서 정치가와 예술가, 재계인을 들었다. 정보를 입력하면 그것을 정리하고 가공하여 출력하는 일이나 섬세한 배려를 해야 한다는 점이 공통적인 특징이라고 한다. 이것 역시 전두엽을 활발하게 활동하도록 하는 역할을 담당한다.

또 한편으로는 정형화된 일을 하는 직업도 있다. "내가 하는 일은 창조적인 부분이 전혀 없습니다. 아침부터 저녁까지 서류를 체크하고 잘못된 부분이 없는지 확인하는 것이 전부입니다."

이런 사람은 일을 할 때에 전두엽이 쉬고 있는 경우가 많을 것이다. 이 말은 그대로 휴식만 취하게 되면 젊은 나이에도 감정의 노화가 진행될 가능성이 높다는 의미다.

만약 같은 일을 반복하기만 하는, 자극이 없는 일을 하고 있다면 취미에서라도 의식적으로 전두

엽을 사용해야 한다. 매일 블로그를 업데이트한다
거나 일기를 쓰는 것도 좋은 방법이다. 무었을 써야
좋을지 모르겠다면 그날 본 TV 프로그램에서 재미
있었던 부분을 기록하는 것도 효과적이다. 텔레비
전도 이런 식으로 사용하면 충분히 자극적인 도구
가 될 수 있다.

일반적으로 정년이 없는 일을 하는 사람은 즐겁
게 장수한다. 바꾸어 말하면 '끊임없이 머리를 써야
한다.'라고 말할 수도 있지만 해야 할 일이 있으면
어떤 형태로든 머리를 사용하게 된다는 것을 의미
한다. 그런 점에서 전두엽을 자주 사용한다는 것은
직업의 종류보다는 라이프 스타일에 의해 정해진다
고 말할 수 있다.

현대 사회에 요구되는 전두엽 교육

나이를 먹어도 활동적이라면 전두엽은 쉽게 쇠
약해지지 않는다. 바꾸어 말하면, 젊은 사람도 전두
엽 기능이 발달해 있는 쪽이 활동적이고 창조성도
높으며 전두엽을 사용하는 일에 잘 어울리는 경향
이 있다.

어떤 일이든 자발성이나 창의적인 연구는 필요

하다. 이것은 앞으로 우리 사회에 필수적인 요소가 될 것이다. 즉, 전두엽을 단련할 수 있는 전두엽 교육이 필수다.

교육적인 측면에서 이야기한다면, 현 시점에서는 우뇌 교육에 관심이 높다. 정보 사회가 되어 기존의 좌뇌 중심 교육으로는 따라잡을 수 없는 상황이 발생하고 있기 때문이다. 하지만 나는 이런 사실에 의문을 느낀다. 적어도 정보가 범람하고 있는 사회에서는 거기에서 필요한 정보를 구분해 내기 위해서라도 전보다 더 많은 지식이 필요하기 때문이다.

예를 들어, '우뇌 교육'과 대치되는, 암기를 비롯한 기억력 트레이닝은 평판이 좋지 않다. 이것은 약 20년 전에 인터넷이 탄생했을 때 누구나 손쉽게 정보에 접속할 수 있는 환경이 되자 세밀한 지식 따위는 굳이 기억하지 않아도 된다는 잘못된 주장에 뿌리를 두고 있다. 그때부터 기억력의 중요성은 경시되기 시작했다. 하지만 인터넷이 보급되어 누구나 구글 등의 검색 사이트를 사용하게 되면서 오히려 더 많은 지식이 필요해졌다.

학교 수업에서 '생명과학과 윤리'라는 주제로 리포트를 제출하라는 숙제를 낸다고 하자. 누구나 가장 먼저 인터넷에서 검색을 할 테지만, 그럴 경우 수만 개의 사이트가 나타난다. 따라서 내용을 이해하고 판별할 수 있는 전문 용어나 문제의 배경에 관한 지식이 없을 경우에는 어디에서부터 시작해야 하는지 전혀 감을 잡을 수 없다.

결국 풍부한 정보를 마음대로 사용할 수 있는 사람은 좌뇌가 단련된, 지식이 있는 사람뿐이다. 따라서 접속만 하는 것으로 끝나는 사람과 지식이 있는 사람의 격차는 더욱 벌어질 수밖에 없다.

대체적으로 보면, 언어 능력이나 이해 능력은 측두엽의 기능이다. 국어나 영어는 측두엽을 단련하는 공부다. 또 계산이나 도형 문제는 두정엽의 기능을 단련시킨다.

이런 공부를 하면서 동시에 전두엽의 기능도 향상시켜야 하지만 기존의 과목으로는 효과를 얻기 어렵다. 이른바 발표형 학습이나 창조성을 묻는 시험을 치르는 것도 간단한 일은 아니다.

그런데 뜻밖의 사실이 밝혀졌다. 전부터 교육계는 전두엽 기능을 단련하지 못한다는 비판이 있었는데 최근 뇌 과학자들의 연구를 통하여 초등학생이 할 수 있는 단순한 '읽기, 쓰기, 계산' 연습만으로 전두엽을 단련할 수 있다는 사실이 판명되었다.

이 말을 듣고 다행이라고 생각하는 사람도 있을 테지만 그렇게 단련된 전두엽 기능을 지속적으로 사용할 수 있는 방법이 교육에 포함되어 있지 않다는 점이 문제다.

기업인들로부터 "젊은 사람다운 자발성을 거의 찾아볼 수 없어서 걱정입니다."라는 말을 자주 듣는데, 고등학교와 대학교에 진학하면서 어린 시절에 단련된 전두엽을 지속적으로 사용하고 단련할 기회가 점차 사라지기 때문이다. 젊은 시절부터 급격하게 전두엽이 감소되는 경우는 드물지만 앞으로는 이 단계에서의 전두엽 교육이 중요해질 것이다.

건강하게 생활하다가
쉽게 떠나는 이상적 노후의 비결

현재 기업의 90%가 60세를 정년으로 삼고 있다고 한다. 하지만 앞으로는 정년을 늘릴 예정이라고 한다. 이 점에 대해 연금을 지급하기 어려운 상황에 몰리니까 이제 와서 정년을 또 늘리겠다는 것이냐고 불만을 느끼는 사람도 있을 것이다. 하지만 일을 하는 쪽이 감정의 노화를 예방할 수 있고 젊게 살수 있는 비결이라고 긍정적으로 생각한다면 노후 생활의 질은 크게 달라진다.

결론부터 말한다면 나이를 먹어도 일을 하는 쪽이 건강하게 장수할 수 있다. 2008년의 한 조사에 따르면 70세 이상의 취업률이 일본 전국에서 1위인 나가노 현은 평균 수명에서도 남성이 전국 1위, 여성이 전국 3위다.

나가노 현의 70세 이상 취업률은 약 25%. 네 명 중의 한 명이 일을 하고 있다. 취업률이 가장 낮은 오키나와 현의 약 2배에 해당하는 수준이다. 그리고 취업률과 노인 의료비 사이에 상관관계가 있다는 사실도 밝혀졌다. 1인당 노인 의료비가 가장 많이 들어가는 지역은 홋카이도로 약 93만 엔이다. 그리고 가장 적게 들어가는 나가노 현은 약 60만 엔으로 홋카이도의 65%에 지나지 않는다.

나가노 현은 일본에서 노인 의료비가 가장 적게 들어가며 일본에서 가장 장수를 누리는 지역이라는 결과가 나온다.

그 밖에도 나가노 현에 살고 있는 65세의 건강 기대 여명(남은 여생 중 간병을 받지 않고 살 수 있는 기간의 평균 연수)도 1995년에 남성과 여성이 각각 전국 2위와 4위를 기록했다.

그러나 1999년 후생성 조사에서 10만 명 당 100세 이상의 인구는 10.32명으로 전국에서 22위에 해당, 거의 중간 정도에 위치해 있다.

이런 사실을 통해서 알 수 있는 것은 병상에 누워 지내다가 사망하는 사람의 수가 적다는 점이다.

고령까지 건강하게 생활하다가 병상에 누우면 얼마 지나지 않아 사망한다는 의미다. 즉, 건강하게 생활하다가 쉽게 떠나는 이상적인 노후를 보내는 사람이 많다.

나가노 현이 이런 결과를 낳게 된 요인으로는 몇 가지를 생각할 수 있다. 일단 이혼율이 낮고 대가족주의이기 때문에 가족의 간병을 받기 쉬운 환경이 갖추어져 있다. 그리고 가족의 간병을 지원해 주는 지역 의료 시스템이 충실하게 갖추어져 있다는 요인도 있다.

여기에 '나이를 먹어도 건강하게 일한다'라는 점도 요인으로 들 수 있다. 같은 DNA를 가지고, 비슷한 음식을 먹고 있는데도 이런 차이가 발생하는 이유는 '일' 때문이다.

일이라고 해서 반드시 기업에 근무해야 하는 것은 아니다. 손자를 돌보면서 농사를 짓는 식으로 나름대로 역할을 가지고 있다는 것이 포인트다. 정년퇴직을 하여 자유롭게 살기를 원하는 사람도 있지만 일을 좋아하는 사람이라면 가능하면 오랜 기간 동안 일을 하는 것이 즐겁고 건강한 노후를 보낼 수 있는 비결이다.

치매에 걸린 노인보다
어리석은 노인이 더 비참하다

　노화와 노인병 등에 관하여 연구를 하고 있는
국립 장수 의료 센터의 조사 결과에 의하면 80%를
넘는 사람이 '고령자가 되는 것이 불안하다.'라고
대답했다.

　왜 불안하게 생각하느냐는 질문에 대한 대답으
로 가장 많은 것은, '누워서만 지내거나 치매 등에
걸려 간병이 필요한 상태에 놓이는 것'으로 78%였
다. 다음으로 '병에 걸리는 것'이 72%, '퇴직에 의해
정기적인 수입이 사라지는 것'이 68%였다. 걱정이
되는 질병으로는 77%에 해당하는 사람들이 암을,
70%에 해당하는 사람들이 치매를 들었다.

　또 장수하고 싶지 않다는 사람이 40%에 이른다
는 점에서 노후에 대한 불안이 얼마나 강한 것인지
엿볼 수 있다. 다양한 감정 중에서 '욕망'은 노화에
의해 엷어지지만 '공포'는 나이를 먹을수록 더 증가
한다.

　국립 장수 의료 센터의 조사에서 보듯, 불안을
느끼는 가장 큰 이유는 건강 문제다. 치매 공포나
누워 지내는 공포 또는 암에 대한 공포, 죽음에 대
한 공포 등의 불안을 느끼게 되면 사고가 그쪽으로

만 향하게 된다.

허리이건 머리이건 어느 부분에 조금만 통증이 발생해도 격정이 되어 그때마다 즉시 의사를 찾아가거나, 식욕이 약간 떨어지는 것만으로 암이 아닌가 하고 불안하게 받아들여 더욱 식사를 할 수 없게 되는 현상이 발생한다. 치매에는 절대로 걸리고 싶지 않다는 불안감에 시달리는 사람은 많이 있지만 그들이 노력하는 것은 기껏해야 닌텐도DS 정도다.

반면, 나의 경우 가장 공포스러운 것은 바로 어리석음이다. 다른 사람으로부터 어리석은 인간 취급을 받고 싶지 않다.

"저 사람은 늘 했던 말만 되풀이해."

이런 손가락질을 받고 싶지 않은 것이다. 내게는 어리석음이 가장 큰 공포다. 그 이유는, 앞에서도 설명했지만 현명한 노인은 존경을 받지만 어리석은 노인은 아무도 상대해 주지 않기 때문이다.

치매는 간병의 대상이다. 치매에 걸린 이후부터 다른 사람의 관심의 대상이 되는 경우도 있다. 치매에 걸리기 전에는 가족이 전혀 상대해 주지 않았는데 치매 증상이 나타난 순간, 가족들이 관심을 가진다. 치매에 걸린 사람에 대해서는 봉사활동을 해주는 사람도 있고, 프로그램이 잘 짜여 있는 요양소도 있다.

나이를 먹어서 비참해지는 경우는 치매에 걸린 노인보다 어리석은 노인이다.

"이 사람에게 물어봤자 아는 것이 아무것도 없어."

"이 사람은 전혀 도움이 되지 않아."

주위로부터 이런 취급을 받는 사람, 간병을 받기 바로 직전 상태에 놓여 있는 '도움이 되지 않는 상태'야말로 가장 비참한 노인이다.

어떤 형태로든 다른 사람에게 도움이 되지 않는다는 사실을 실감하게 되면 사람은 행복을 느낄 수 없다. 누군가의 도움이 된다는 것은 상대를 위해서라기보다 '도움이 되고 있는 자기 자신'을 실감하고 자기애를 만족시킬 수 있다는 점에서 바람직하다.

관청에 등록을 해서 일을 소개받는 것도 좋지만 나름대로 전문지식이 있다면 그것을 활용할 수도 있다. 은행을 퇴직한 사람이라면 그 지식을 살려서 금전 문제와 관련된 상담을 해줄 수 있고, 기업에 근무한 경험이 있는 이공계 출신이라면 동남아시아에서 큰 인기를 모을 수 있다.

돈을 벌지 않더라도 봉사 활동을 통하여 다른 사람에게 도움이 되는 일은 얼마든지 있다. 과거와 비교하면 봉사 단체나 제도가 충분히 갖추어져 있기 때문이다.

스스로를 '도움이 되지 않는 인간'으로 규정해 버리면 주위 사람들도 그렇게 생각하게 되고 자기혐오에 더욱 집착하는 '악순환'에 빠진다. 그렇게 되기 전에 스스로 행동을 하면 당신을 필요로 하는 사람이나 장소는 반드시 있기 마련이다. 또한 다른 사람에게 도움이 되고 싶다는 생각을 지속하면 나이를 먹어서도 얼마든지 노력할 수 있다.

그렇게 하면 '노력 → 다른 사람에게 도움이 된다 → 감사를 받는다 → 더욱 노력한다.'라는 바람직한 선순환을 실현할 수 있고 존경받는 노인으로서 충실한 인생을 보낼 수 있다

사람들로부터 소외당하지 않는 삶

자신이 즐겁다고 느끼는 일을 하는 것이 가장 중요하지만 주위로부터 필요한 존재가 되겠다는 결심이 없으면 적막한 노후를 보내게 된다.

돈이 아무리 많아도, 의욕이 아무리 강해도, 골프이건 바둑이건 주위로부터 부르는 사람이 없다면 모든 것은 끝이다.

장점도 필요하지만 적어도 '사람들이 멀리하지 않는 인간'이 되어야 한다. 일단은 함께 어울리더라

도 다른 사람의 험담을 늘어놓거나 비난하는 말을 일삼으면 다시는 상대해 주지 않는다.

마찬가지로 은퇴한 친구건, 젊은 사람이건 정년 이후에는 마음에 들지 않는 상대를 참고 불러주는 의리는 없다. 상대방에 대한 배려도 없이 자기가 최고인 것처럼 잘난 척하는 태도만 보였다면 회사를 은퇴하는 순간, 아무도 말을 걸어 주지 않는다. 바둑이건 골프이건 거만하고 오만하게 행동하는 사람과 정년퇴직을 한 이후에도 함께 어울리려 하는 사람은 거의 없다.

과거의 경험담을 재미있게 이야기해 준다는 소문이 나면 찾아오는 사람도 많을 것이다. 이해관계가 얽혀 있지 않기 때문에 후배들로부터 "현재 부서 내부에 이런 일이 있는데 어떻게 하면 좋겠습니까?"라는 상담이 들어올 수도 있다. 이런 경우에 적절한 충고를 해줄 수 있다면 지속적인 교류를 가질 수도 있다.

식사나 술을 대접한다면 몇 번은 불러줄지도 모른다. 하지만 정년 이후에 지속적으로 이런 관계를 유지하는 것은 쉬운 일이 아니다.

따라서 무엇보다 현명하다거나, 인덕이 있다거나, 함께 있는 것만으로 마음이 놓인다는 식으로 다른 사람이 자신을 매력적인 인간으로 여길 수 있는 나름대로의 포인트가 있어야 한다.

이런 준비를 해두지 않으면 어느 날 갑자기 전혀 도움이 되지 않는 자기 자신을 깨닫고 허탈한 심정에 빠지게 된다. 사람들이 멀리하는 존재가 되면 견딜 수 없는 외로움에 휩싸인데. 그렇게 되면 감정이 단번에 노화해 버린다.

불안은 컨트롤할 수 없지만
행동은 컨트롤 할 수 있다

지금까지 감정의 노화를 방지하기 위한 습관이나 아이디어를 다양하게 소개했다.

하지만 이렇게 생각하는 사람도 있을 수 있다.

"내가 하고 있는 노력과는 전혀 달라."

"이제는 나이가 많아서 이미 늦었어."

또는 "다른 사람은 물론이고 아내조차도 나를 상대해 주지 않을지 몰라."라는 불안감에 휩싸여 있는 사람도 있을 수 있다.

일단 불안감에 휩싸이면 감정을 컨트롤할 수 없기 때문에 불안감에서 빠져나올 수 없다. 여기에서 참고가 되는 것이 모리타 요법의 사고방식이다.

이것은 대인 공포증 등에 효과적이라고 알려져

있는 심리 요법 중의 하나로, 도쿄 지케이카이 의과 대학의 초대 정신과 교수가 된 모리타 마사타케에 의해 만들어진 요법이다. 서유럽의 심리 요법이 불안이나 갈등을 배제하는 데 비하여 모리타 요법에서는 불안과 갈등을 있는 그대로 받아들인 상태에서 어떻게 행동해야 하는지를 설명한다.

불안을 해소하거나 제거하는 것이 아니라 '그렇다면 어떻게 해야 하는가?' 하는 질문을 던지는 것이다. 예를 들어 나는 흔히 수험생들로부터 '시험에 떨어질 것 같아서 불안해요. 공부에 집중이 되지 않아요.'라는 상담을 자주 받는데, 이 경우 모리타 요법의 사고방식을 적용하여 그 불안에도 장점과 단점이 있다고 설명을 해준다.

즉, 시험에 떨어질지도 모른다는 걱정과 불안 때문에 공부를 하는 것이다. 떨어지고 싶지 않기 때문에 공부를 하는 사람이 합격할 수 있다. 불안을 느끼지 않는 사람은 필사적으로 공부하지 않기 때문에 단순한 실수에 의해 탈락한다. 따라서 불안을 느끼는 것은 지극히 자연스러운 현상이지만, 그 불안을 공부의 원동력으로 삼는다면 엄청난 장점으로 바꿀 수 있다.

이런 식으로 설명을 해주면 대부분의 경우 내 말을 충분히 납득한다.

마찬가지로 사람들이 상대해 주지 않을 것이라는 점이 불안하다면 나이를 먹은 뒤에도 현명해질 수 있도록 공부를 한다거나 사람들에게 친절을 베푸는 등 행동을 바꾸면 된다.

불안은 컨트롤 할 수 없지만 행동은 컨트롤 할 수 있다. 불안은 불안일 뿐이다. 있는 그대로 받아들이고, 대신 그렇다면 어떻게 해야 할 것인지 생각하는 태도가 중요하다.

돈에 대해 지나치게
불안해할 필요는 없다

노후에 대한 불안 중에서 건강 다음으로 크게 대두되는 것이 금전에 대한 불안이다. 앞에서 소개한 조사에서도 약 70%에 해당하는 사람들이 금전적 불안을 들었다.

하지만 자택을 소유하고 있고 중견 기업 이상의 기업에 근무하고 있는 사람이라면, 그리고 정년까지 그 회사에서 근무할 자신이 있다면 노후의 금전 걱정은 하지 않아도 된다.

일단 연금이 있다. 국민연금과 기업 연금 등을 생각하면 나름대로 생활을 할 수 있는 기본적인 금액은 들어온다. 게다가 퇴직금도 있다. 이 정도면 노후 설계는 충분하다.

질병에 걸리거나 간병이 필요한 경우에는 어떻게 될까?

요즘에는 유료로 운영하는 시설 좋은 양로원이 많이 있다. 이런 양로원에 입주하면 편의 시성은 물론이고 의료 시설까지 완벽하게 갖추어져 있기 때문에 큰 걱정을 하지 않아도 돌보아 줄 사람들은 얼마든지 있다.

또한, 기업에 근무하는 사람이라면 한 두 개 이상의 보험에 거의 당연한 듯 가입해 있을 테니까 금전적으로 큰 무리가 발생하지도 않는다.

물론 자택을 소유하고 있어야 하고 중견 기업 이상의 회사에 근무하고 있어야 한다는 조건이 붙기는 하지만 그런 사람이라면 노후의 금전 걱정은 배제해도 된다.

그러니까 자녀가 대학을 졸업하여 부모의 손길에서 벗어나면 보너스는 모두 자신을 위해 사용해도 된다. 지금까지 자녀에게 들어간 돈을 용돈으로 돌릴 수 있는 것이다.

자신을 위해 돈을 아끼지 말라

그렇다면 그 돈을 어떤 식으로 사용해야 할까?

나이를 먹으면 '즐거운 일'을 하는 것이 결국은 몸과 마음에 유익한 결과를 낳는다. 즉, 건강하게 장수할 수 있다. 정신적으로 기분 좋은 자극이 면역 기능을 높여준다는 연구 결과는 이미 수차례 발표되었다.

'즐거운 일'을 통해 감정의 노화를 방지하고 젊음을 유지하는 것은 건강하고 행복한 인생을 보내기 위한 효과적인 방법이다. 나이를 먹을수록 더 강렬한 자극이 필요하므로 그런 자극을 위해 돈을 사용하는 것이다.

얼마 전까지만 해도 은퇴를 해서 연금 생활로 접어든 이후에도 매달 흑자를 유지하기 위해 노력하는 사람이 많았다. 그러나 지금은 정년 이후에 해외의 따뜻한 지역으로 가서 장기 체류를 하며 편안하게 여생을 보내고 싶다고 하는 사람들이 많이 증가했다.

재산은 자녀들에게 남겨주는 것이라는 가치관이 아직도 뿌리 깊게 남아 있기는 하지만, 또 한편으로 '재산은 자신을 위해 사용해도 되는 것'이라고 생각하는 사람들이 증가하고 있다.

'역모기지'라는 대출도 있다. 소유하고 있는 집 등의 부동산을 담보로 돈을 빌려 쓰고 사망한 이후에 부동산을 매각하여 변제하는 방법이다. 자택은 있지만 연금 등의 수입이 적은 고령자들이 지금까지 생활하던 집에서 계속 생활하면서 돈을 대출받을 수 있다는 장점이 있다.

평균 수명을 생각해 보면 자신이 사망하여 상속이 발생될 때에는 자녀도 이미 60세 전후의 나이가 된다는 점을 잊지 말아야 한다. 손자의 교육도 거의 끝나가는 연령이다. 그리고 부모가 지속적으로 뒤를 보아주는 한, 자녀의 독립은 더욱 늦어질 뿐이다. 따라서 자녀에게는 미리 재산을 남겨주지 않겠다고 명시하는 것이 바람직하다.

성장한 자녀를 걱정하는 것보다는 자기 자신을 걱정하는 쪽이 결국에는 자녀에게도 피해를 끼치지 않는 결과를 낳는다.

금전을 어떻게 운용할 것인가?

최근 들어 자신을 위해 돈을 사용한다는 데에서 느끼는 죄악감이 점차 엷어지고 있다.

유명한 가수의 콘서트를 찾아다니는 중장년은

얼마든지 볼 수 있다. 젊은 시절에는 가격이 비싸다는 이유에서 엄두도 내지 못했던 공연 티켓도 주저하지 않고 구입한다. 자녀 교육에 쫓겨, 가고 싶어도 갈 수 없었던 음악 공연을 큰 부담 없이 관람한다.

물론 트로트 가요를 좋아하는 사람이라면 디너쇼나 리사이틀을 찾아가 관람한다. 특히 여성들의 경우에는 문화적인 공연을 관람하는 것 자체를 즐기기도 한다.

그래도 우리는 돈에 대해 기본적으로는 금욕적인 부분이 있다. 50대가 되어 자녀에게 더 이상 돈을 투자할 필요가 사라지면서 경제적으로 여유가 생기지만, 노후를 대비한다는 이유에서 여전히 돈을 사용하는 데에 주저하는 경향을 보인다. '사치는 죄악'이라는 정신이 지금도 뿌리 깊게 남아 있는 것이다.

신문이나 잡지 등에서 흔히 볼 수 있는 노후 자금 계산 결과를 보면 몇 억은 있어야 한다는 식으로 발표하기 때문에 사람들 대부분은 상당한 금액을 저금해야 한다는 강박 관념을 가지고 있다. 그러나 그런 강박 관념은 버리는 것이 좋다.

몇 주일씩 각국의 고급 콘도미니엄에 머무르면서 여행을 즐기는 부부가 있었다. 현역이었던 시절에는 평범한 직장인이었다고 말해서 물어보았더니 꽤 이름이 있는 기업이었다.

현재의 경제 상황을 생각해도 50대 이상은 기업 연금과 국민연금이 주어질 테니까 크게 걱정할 필요가 없다. 그런 걱정을 할 시간에 자기 자신의 즐거움을 위해 투자할 수 있는 방법을 생각하는 것이 바람직하고 그 쪽이 나라 경제에도 도움이 된다.

단, 40대 이하인 사람들은 준비가 필요하다. 대기업에 근무하고 있다고 하더라도 앞으로 20년 앞을 예측하기는 어렵기 때문이다. 연금이 파탄이 날수 있다는 점도 고려해야 한다. 기업 연금 역시 회사에 문제가 발생하면 대폭으로 삭감되는 결과가 발생할 수도 있다.

미국 최대의 자동차 회사인 GM이 경영 위기에 빠진 배경에는 기업 연금과 퇴직자에게도 적용되는 후한 보험 제도가 존재한다. '안정된 수익률로 운용하여 연금을 지급한다'거나 '평생 뒤를 봐준다'는 약속은 금리가 올라 운용이 어려워지거나 평균 수명이 연장되어 지출이 증가했다고 해서 간단히 뒤집을 수 없다.

우리도 앞으로 연금이 도산되거나 퇴직금이 바닥날 위험성은 얼마든지 있다. 따라서 40대에 해당하는 사람들은 역시 노후에 대비하여 저축이나 재산 형성에 관심을 두어야 한다. 정기 예금뿐 아니라 증권이나 투자 신탁을 적극적으로 운용하는 것도 좋은 방법이다. 40대라면 회사에서 핵심적으로 일을 하고 있을 테니까 어느 정도 미래를 전망할 수는 있다.

최근 인터넷상에서 직접 증권 거래를 하는 사람이 꽤 많아졌는데, 변동하는 차트를 보면서 매매를 결단하는 작업은 감정 노화를 예방하는 효과도 있다. 물론 모든 재산을 다 투자하는 위험한 행동은 당연히 피해야 하지만 많지 않은 돈을 효과적으로 운용해 보는 것은 직접적으로 재테크를 배울 수 있다는 점에서도 도움이 된다.

셰익스피어의 『리어 왕』이 그린
노인의 비극

셰익스피어의 비극 『리어 왕』을 알고 있는가. 대강의 줄거리는 이런 내용이다.

고령이 된 리어 왕은 세 명의 딸에게 영지를 나누어 주고 자기는 은퇴하기로 결심하지만 그 조건으로 자신에 대한 딸들의 애정을 시험해 보기로 한다. 큰 딸과 둘째 딸은 마음에도 없는 교묘한 말투로 끝까지 아버지를 따르겠다고 말하지만 막내딸

코넬리아는 진심 어린 충고만 했기 때문에 아버지의 마음에 들지 않았다. 그래서 화가 난 리어 왕은 코넬리아를 내쫓아 버렸다. 그러나 그 후, 큰딸과 둘째 딸에게 배신을 당하여 쫓겨난 리어 왕은 초라한 모습으로 폭풍이 몰아치는 황야를 떠돌게 된다.

나중에 코넬리아가 아버지를 궁지에서 구출하기 위해 도와주기는 하지만 그녀도 덧없이 세상을 떠나자 리어 왕은 막내딸의 유체를 끌어안은 채 슬픔에 잠겨 결국 세상을 뜨는 비참한 결과를 맞이한다.

나는 이 『리어 왕』이 고령자의 모습을 잘 그려낸 이야기라고 생각한다. 리어 왕은 당시에 치매에 걸린 상태였던 것이 아닐까? 상징적인 것은 상대방이 듣기 좋은 말을 하거나 추종할 것을 맹세하면 그것이 아첨이라는 사실을 의심함에도 불구하고 그 말을 믿어 버린다는 점이다. 이것은 고령자에게서 흔히 볼 수 있는 경향이다. 반대로 마음에 들지 않는 사람을 배척하거나 갈수록 의심이 깊어지는 것은 비극이다.

평소에 자기애가 충족되어 있지 않기 때문에 조금이라도 자기애가 충족되면 그쪽으로 쉽게 넘어가 버린다. 일반적으로 주위에 자기애를 충족시켜 줄 사람이 없으면 그런 사기꾼 같은 사람에게도 간단히 속아 버린다.

리어 왕처럼 많은 나이가 아니라고 해도 중장년이 되면 왠지 모르게 아양을 떠는 부하 직원이나 거래처 직원을 귀여워하는 상사가 많이 있다. 업자들이 자신에게 아양을 떠는 것은 당연하다고 믿는 사람도 있을 정도다.

물론 이해관계를 떠나서, 진심으로 존경하기 때문에 가까이 다가오는 사람도 있다. 다만 90%는 이익이 된다고 생각하기 때문에 접근하는 것이니까 그것을 자신의 인간적 매력이라고 생각하면 나중에 크게 후회하게 된다.

그런 사람에게 아무리 진심을 보여주어도 당신이 그 사람에게 더 이상 이익을 줄 수 없는 입장에 놓이면 그 결과는 명백하다. 회사를 그만두고 독립을 해보면 회사에 근무했을 때에 자신의 실력이라고 믿었던 모든 권력이나 매력이 사실은 회사의 명함 덕분에 움켜쥐고 있었던 것이라는 사실을 깨닫게 되는 것과 마찬가지다.

어떤 회사의 임원이 "아첨이라는 사실을 알고 있지만 그래도 기분이 좋습니다."라고 솔직한 감상을 이야기 해주었다. 아첨이 기분을 좋게 만드는 것은 사실인 듯하다.

그러나 아첨이라는 사실을 알면서도 기분이 좋아진다면 그것은 감정이 노화하고 있다는 증거다.

속이 뻔히 들여다보이는 아첨에 기분이 좋아진다는 것은 평소에 자기애가 충족되지 않고 있다는 반증이기 때문이다. 그런 만큼 자기애를 충족시키고 싶다는 욕망이 강하다.

이렇게 되기 전에, 중장년이 되면 우선 부하 직원의 자기애를 충족시켜 주기 위해 노력해야 한다. 나이를 먹을수록, 지위가 올라갈수록 머리를 숙이는 실리적인 효과가 크다는 점은 이미 설명했다.

"상사가 인정해 주었어."

"우리 차장님은 전혀 잘난 척 하지 않고 무슨 일이든 조용히 가르쳐 주는 훌륭한 분이야."

이런 행동은 동료나 후배에게 당연히 존경을 받는다.

이렇게 주위 사람들의 자기애를 충족시켜 주면 그것이 돌고 돌아서 결국 그 모든 사람들이 이번에는 당신의 자기애를 충족시켜 주기 위해 노력한다. 사회적 책임이나 지위가 올라갔을 때일수록 아랫사람을 존중해 주면 인생의 말년에 이르렀을 때 존경받는 존재가 될 수 있다.

문병객이 많이 찾아오는 사람과
아무도 찾지 않는 사람

40세 전후까지는 위를 보고 있는 쪽이 출세할 가능성이 높다. 하지만 현명한 사람이라면 40~50대가 되었을 때에 아랫사람을 소중하게 다룰 줄 알아야 한다. 능력이 부족한 직원은 도와주고 따돌림을 받는 직원이 있다면 감싸주는 식으로 부하 직원의 어려움을 마치 자녀를 돌보듯 챙겨 준다.

이것은 반드시 노후에 대한 대비 때문인 것만은 아니다. 놓여 있는 입장으로 보더라도 관리직으로서의 능력이 요구되는 나이다. 기업의 입장에서는 능력이나 실적도 중요하지만 부하 직원에게서 존경을 받는 사람이 중역이 되는 경우도 적지 않다. 덕망도 실력이다.

젊은 시절에 요구되는 것은 업무의 완성도, 이른바 선수로서의 능력이다. 이것이 어느 시기부터 팀의 지휘관으로서 승부를 걸어야 하는 입장으로 바뀐다. 그때 부하 직원을 몰아 세워 실적만 올리는 감독보다는 부하 직원들에게 존경을 받는 감독이 되는 쪽이 현명하다.

고령자 전문 종합 병원에 근무했을 때 뼈저리게 느낀 사실이 있다.

유명 기업의 사장이거나 일류 대학 교수였다는 환자들이 입원할 경우, 하루 종일 문병객이 끊이지 않는 사람이 있는가 하면 며칠이 지나도 단 한 명의 문병객도 찾아오지 않는 사람도 있다.

이런 현실은 나의 인생에 큰 공부가 되었다. 아랫사람에게 거드름이나 피우는 사람이 어떤 결말을 맞이하게 되는지 철저하게 실감할 수 있었기 때문이다.

윗사람에게는 아부를 하고 아랫사람에게는 거만한 태도를 보이며 출세한 사람의 말년은 비참하다. 아랫사람에게 거만한 태도를 보이던 사람은 상사라는 입장에서 물러나는 순간, 아무도 돌아보지 않는 외톨이 신세로 전락한다. 정년퇴직을 한 이후에는 연락을 해오는 사람이 아무도 없고, 그 결과 자신의 인간관계가 얼마나 빈약한 것이었는지 실감하지 않을 수 없다. 속된 표현을 빌린다면 아랫사람에게 거드름을 피운 만큼 벌을 받는 것이다.

그러나 인간적 매력을 바탕으로 아랫사람을 대했던 사람은 그 직위에서 물러난 이후에도 인간적 교류가 계속 이어진다. 충족감을 느끼며 인생의 말년을 보내기 위해 지금 할 수 있는 일은 무엇일까? 그것을 자문해 보고 실행에 옮긴다면 나이를 먹는 데에 대한 불안감도 사라질 것이다.

청춘은 두려움을 물리칠 수 있는 용기,
안이한 마음을 펼쳐 버릴 수 있는
모험심을 의미한다.
때로는 20세 청년보다
60세 노인에게 청춘이 존재한다.
사람은 나이를 먹는 것만으로는 늙지 않는다.
이상을 잃었을 때 비로소 늙는다.

–

사무엘 울만Samuel Ullman 『청춘』

노화를 막는 감정 훈련의 기술

▶ 의욕이 있는 자가 바로 청년이다. 의욕이 없으면 20대라도
이미 노인이다.

▶ 낯선 환경에 뛰어들수록 전두엽은 왕성한 기능을 한다.

▶ 과거의 성공담을 자랑처럼 늘어놓는 것은 노화되고 있다는 증거다.

▶ 매일 읽고, 쓰고, 계산하는 것만으로 전두엽을 자극할 수 있다.

▶ 나이를 먹을수록 신체든 두뇌든 감정이든 안 쓰면 노화한다.
자극이 없는 생활을 계속하면 감정은 녹이 슬어 버린다.

▶ 나이 먹었다고 해서 욕망을 함부로 억제하면 무슨 일에도
재미를 느낄 수 없는 메마른 인간이 되어 버리기 쉽다.

▶ 텔레비전은 사람을 수동적으로 만들기 때문에 시청하지 않는다.
꼭 봐야 한다면 습득한 정보를 활용해 행동을 이끌어 내라.

▶ 취미와 관련된 이벤트를 1년에 한 번 이상 계획하고 실행한다.
음악을 좋아하면 집에서만 듣지 말고 꼭 콘서트장에 간다.

▶ 좋아하는 소설, 다큐멘터리, 영화, 드라마 등의 무대를
실제로 방문해 본다.

▶ 성공할 가능성이 있는 창업 아이디어를 최대한 많이 생각해 본다.

▶ "그럴 수도 있지", "당연히 그렇겠지"라는 말을 입버릇처럼
사용하는 사람은 사고가 굳어가는 것이기 때문에 주의해야 한다.

▶ 나이 먹는다는 것은 자극에 익숙해지는 것이다.
경험의 예상을 벗어난 새로운 자극을 의식적으로 만든다.

▶ '나잇값도 못한다'는 말을 최고의 칭찬으로 받아들이자.
그동안 하고 싶었지만 주저했던 일을 과감하게 해본다.

▶ 일상의 사소한 습관을 바꿔보려고 노력한다.
출퇴근 경로도 가끔씩 바꿔본다.

▶ 블로그나 소셜 네트워크 서비스를 적극적으로 활용한다.

▶ 정기적으로 모임을 가질 수 있는 동호회에 가입하거나
학부모 모임에 참석한다.

▶ 40대 이후의 관리직, 단순 업무직, 정년이 보장된 공무원,
교사나 교수 등의 직업을 가진 사람은 감정 노화가 빨리 올 수
있기 때문에 주의한다.

▶ 아첨이라는 것을 알아도 기분이 좋으면 노화하고 있다는 증거다.

▶ 윽박지르는 상사가 아닌, 부하 직원으로부터 존경받는 상사가 되라.

▶ 출장을 갈 때는 다른 지역도 둘러보는 습관을 들인다.

▶ 주말농장은 감정 노화를 예방하는 데 매우 유용한 방법이다.

▶ 부부 사이에 자녀 교육 이외의 공통 화제를 찾아야
은퇴 후에도 부부 사이의 공감대가 형성될 수 있다.

▶ 어떤 행동을 하는 사이사이에 기분 전환을 할 수 있는
방법을 찾아 습관을 들인다.

▶ 어떤 불평불만이라도 마음 놓고 털어놓을 수 있는 사람을 만들어 둔다.

▶ 우울할 때는 절대로 반성하지 않는 대신,
쉽게 처리할 수 있는 일을 한다.

▶ 무슨 일이든 에피소드화하여 기억한다. 또 책이나 텔레비전을 통해
알게 된 내용을 다른 사람에게 옮기면 기억력을 높일 수 있다.

▶ 지위가 올라갈수록 머리를 숙였을 때 그 가치가 올라간다는 점을
이용하여 공부한다.

▶ 바둑이나 장기, 카드게임 등 자신 있는 게임을 선택해서 즐긴다.

▶ 노년이 되어서도 일을 하는 사람은 건강하다. 일이나 봉사 활동을
통하여 다른 사람에게 도움이 될 수 있는 방법을 찾는다.

▶ 자신을 위해, 감정 노화를 방지하기 위해 돈을 아끼지 말라.

옮긴이 **이정환**

경희대학교 경영학과와 인터컬트 일본어학교를 졸업했다. 리아트
통역 과장을 거쳐, 현재 일본어 전문 번역가 및 동양철학, 종교학
연구가, 역학 칼럼니스트로 활동 중이다. 옮긴 책으로『작은 건축』
『연결하는 건축』『삼저주의』『2억 빚을 진 내게 우주님이 가르쳐
준 운이 풀리는 말버릇』『지적자본론』『나는 내가 아픈 줄도 모르
고』『구마 겐고 나의 모든 일』등이 있다.

감정이 늙지 않는 법

초판 1쇄 발행 2024년 9월 9일

지은이 와다 히데키
옮긴이 이정환
펴낸이 서재필

펴낸곳 마인드빌딩
출판신고 2018년 1월 11일 제395-2018-000009호
이메일 mindbuilders@naver.com

ISBN 979-11-92886-54-1(03180)

• 책값은 뒤표지에 있습니다.
• 잘못된 책은 구입하신 곳에서 바꿔드립니다.

마인드빌딩에서는 여러분의 투고 원고를 기다리고 있습니다.
출판하고 싶은 원고가 있는 분은 mindbuilders@naver.com으로
기획 의도와 간단한 개요를 연락처와 함께 보내주시기 바랍니다.